经典作家如是说系列

经典作家谈

家与家庭

刘文荣 主编

文汇出版社

前言

家与家庭，几乎人人都有；家与家庭，几乎人人关心。但你知道古希腊人是怎么谈论家庭的吗？哲学家对家庭有过怎样的论述？文学家是怎样表达对家庭的感受的？历史学家是怎样描述家庭演变的？本书所选20篇出自中外经典作家之手的文章，就为你回答上述问题。当然，这些文章不仅对研究家庭问题的学者具有重要参考价值，更是极好的读物，因为它们不仅有思想，而且有个性、有趣味，读来不仅使人受益，还令人愉悦，即便是普通读者，也值得一读。

本书分为两部分，即"外国篇"和"中国篇"。在第一部分"外国篇"里，选入了11位西方作家的相关文章。这些作家均为西方历代名家，如古希腊哲学家亚里士多德、散文大师蒙田和培根、哲学大师黑格尔和哲学怪杰尼采、意大利"独立之父"马志尼和英国散文名家兰姆，还有历史学家托克维尔和传记大家莫洛亚。他们虽属不同时代和不同专业，个性与风格也各不相同，但却汇聚于此，谈论同一个话题——家与家庭。这当然很有趣，但也可想而知，他们的文章是五花八门的。确实，有的是真切坦率的经验之谈，有的是严肃深入的哲学探讨，有的是谆谆诱导的诲人之作，有的是句句铿锵的警世之言。但要对其加以概括也不难，那就是：这里贯穿着西方家庭与家庭观念演变的轨迹。那么，西方家庭是怎么演变的呢？大体说来，西方家庭的演变是和西方文化的演变同步的。这不难理解，因为家庭形式与家庭观念本身就是人类文化的一个重要组成部分。那么，西方文化是怎样演变的呢？总的说来，就是从群体主义演变为个体主义，或者说，从个体盲目服从的群体演变为个体自觉组成的群体。这是因为，人类是不可能不以群体形式生存的——家庭就是一种最基本、最原始的群体形式。这个群体主要由两种关系构成：一是夫妻关系，二是亲子关系。因此，谈论家庭，不是谈夫妻关系，就是谈亲子关系。而从本书这部分所选的篇目即可看出，从古希腊到20世纪，西方家庭中的这两种关系变得越来越平等，夫权和父权一步步被削弱，直至妻子要求与丈夫完全平等、子女要求与父母完全平等。这是大趋势，其他诸多问题都是从这大趋势中衍生出来的。譬如，既然夫妻平等，那么妻子为什么往往要求丈夫比自己赚得多？既然夫妻平等，如若意见分歧，又怎么办呢？（因为是两个人，连表决都不可能）还有，既然子女与父母是平等的，为什么父母有抚养子女的义务？为什么子女没有赡养父母的义务？（在西方，尤其是近代以来，子女越来越无须承担赡养父母的义务——当然，出于感情，子女帮助父母，这也是很常见的，但这和义务是两回事。）如此等等。

在第二部分"中国篇"里，选入的7位作家，如胡适、鲁迅、周作人、林语堂、张爱玲，也都是现代名家。我们知道，中国传统家庭是大家庭、家族制，由此产生的家庭伦理，就是"夫为妻纲"和"父为子纲"，也就是绝对的夫权和父权，而中国现代作家由于深受西方文化的影响，其基本使命就是反传统。所以，他们谈到家庭时，大多持西方观点，即：提倡男女平等、提倡个人独立（即子女成年后不必依附家庭）。这其实是中国现代文化运动的核心（不改变两性关系，不改变家庭关系，其他种种社会的、文化的改革根本无从谈起）。在此背景下，我们不难看到，本书所选胡适、鲁迅等人的文章不外乎在谈论这样几个问题：儿子一定要孝顺父母吗？我们现在怎样做父亲？古人真的都是孝子吗？妻子用丈夫的钱是不是一种快乐？夫妻一定要同居吗？是大家庭好呢，还是小家庭好？如此等等。

最后说一下，"家与家庭"这个题目，其实含有两个概念：一个是"家"，是指一种物质条件，即长期居住的地方；一个是"家庭"，是指一种人际关系，即具有婚姻或血缘关系的一些人。本书所选篇目，当然兼顾了这两方面：除了谈家庭关系的，也有单纯谈家（即住所）的，如查尔斯·兰姆的《家虽不佳仍是家？》和苏雪林的《家》就是。但也只有这两篇，特此说明。

刘文荣
2014年9月于上海

目录

- 外国篇

  [古希腊] 亚里士多德
  　　论夫妻　　　　　　　　3

  [法] 米歇尔·德·蒙田
  　　论父爱　　　　　　　　14

  [英] 弗朗西斯·培根
  　　论父母与子女　　　　　42

  [德] 威廉·弗里德里希·黑格尔
  　　论家庭　　　　　　　　45

  [意大利] 朱塞佩·马志尼
  　　对家庭的责任　　　　　72

  [英] 查尔斯·兰姆
  　　家虽不佳仍是家？　　　81

  [法] 夏尔·德·托克维尔
  　　民主对美国家庭的影响　88

  [德] 弗里德里希·尼采
  　　孩子和结婚　　　　　　96
  　　论婚姻与家庭　　　　　100

〔法〕阿兰
　　家庭的和平　　　　　　　　107

〔法〕安德烈·莫洛亚
　　论父母与子女　　　　　　　110

〔英〕伯特兰·罗素
　　论家庭　　　　　　　　　　132

- 中国篇

胡适
　　儿子一定要孝顺父母吗？　165

鲁迅
　　我们现在怎样做父亲　　　173

周作人
　　家之上下四旁　　　　　　189

林语堂
　　中国式的家庭理念　　　　201

张爱玲
　　心腹话　　　　　　　　　210

苏青
　　论夫妻吵架　　　　　　　227

张爱玲　苏青
　　对谈记　　　　　　　　　236

苏雪林
　　家　　　　　　　　　　　252

外国篇

论夫妻

[古希腊] 亚里士多德

亚里士多德（Aristotle，前384—前322），古希腊哲学家，主要著作有《形而上学》《伦理学》《政治学》《物理学》《诗学》和《工具论》等。本文是亚里士多德《家政学》一书的节选①，题目为编者所加。

从本文中可看出亚里士多德的婚姻观和家庭观。归纳起来大体有以下几点：(1) 婚姻"不仅意在生存，而且意在幸福地生存"，所以婚姻的首要原则是"不能不公正"，也就是夫妻双方不能强求，也不能虚饰；(2) 已婚女人应一心一意主持家政，在其他事情上则要尽量服从丈夫，而且要尊敬丈夫，即便是不勇武、不富有的丈夫，也"不可为他感到羞愧"；(3) 丈夫既要教导妻子，又要"带着敬意、带着更多的谦虚和敬畏接近自己的妻子"，因为唯有这样，才能使妻子"与他和睦一致，对他忠诚，并和他同心同德"；(4) 已婚男女不仅要同心协力养育子女，还要"尽力关怀父母"，而且要以同样的态度关怀双方的父母，这样才会有真正幸福而

---

① 《亚里士多德全集》第9卷，中国人民大学出版社，1994年版，第290—292、321—329页。

神圣的家庭。

今天看来，这些好像是老生常谈，但想一想，这些可是在两千三百多年前说的！可见当时的古希腊人已经有了和现在差不多的家庭理想。不过，"差不多"还是有差别的：那就是，亚里士多德所当然地认为男尊女卑。这倒和我们的远古圣人（如孔子）很相似！可见，在远古时代，东西方的婚姻观和家庭观其实是差不多的，只是到了近代，西方逐渐确立了个人主义婚姻观和家庭观，这才显示出东西方差异。

关于家庭中人的因素，首先应该关注的是女人，因为对于男人来说，和女人共同生活乃是最为根本的事情。我们在其他地方已经提到，大自然有意产生许多这类结合的形式：譬如，各种动物的雌雄结合就是一例。如果没有雄性，雌性不可能完成这种结合；如果没有雌性，雄性也无法完成这种结合。因此，两性结合是必需的。

在其他动物中，这种结合是非理性的，依赖于它们所具有的大量的自然本能，并仅仅出于生育的目的；不过，在受过教化的和较有理性的动物中，这种结合就比较复杂（因为从中表现出更多的互助与合作）。对于人类来说，情况最为复杂，因为男女之间的结合不仅意在生存，而且意在幸福地生存。生男育女不只是在履行自然赋予的义务，而且自身也能得到好处；因为如果父母在年富力强时对没有劳动能力的孩子们付出了艰辛劳作，那么这种付出将会在他们年老体衰时，得到正当鼎盛之年的孩子们的报答。

同时，自然周而复始地完成其永恒存在的目的，以持续作为人类的永存，但不能保存个体的永存。因此，男女共同生活的本性是由神明所预先决定了的。男女有别，因为他们各自具有的能力不适合于同一种工作，而适合相反种类的工作，尽管相反种类的工作趋于同一目的。自然造化出一种性别比较强健，另一性别较为孱弱，后者由于柔弱的本性而比较适合于看管工作，前者由于刚猛的本性而比较适合于保卫工作；一方从户外获取生活资料，一方在家内照料家务。在劳作方面，一方能够静坐室内，但无力于户外劳动，另一方尽管不太适合静坐室内，但具备健壮的体魄以参加户外活动。至于生男育女，两性承担相同的生育责任，但各自分享不同的抚养义务，一方哺育子女，另一方教育子女。

现在谈谈男人对待妻子的原则。第一条就是不能不公正。因为如果遵循了这条原则，他自己也就不会受到不公正的待遇。这一点为公众习俗所倡导，正如毕达哥拉斯学派①的人所声称的那样，如果把妻子视为远离娘家的乞讨者，这是不公正的。丈夫有外遇，就是他给妻子带来的不公正。

在夫妻共同生活方面，妻子不应强求丈夫，也不必在丈夫外出时如坐针毡。无论丈夫在不在家，都应习惯于忍受。赫西俄德②说得好：

娶少女为妻，教她养成谨慎的习惯。

---

① 毕达哥拉斯学派，由古希腊哲学家毕达哥拉斯于公元前6世纪末创立的学派，公元前5世纪被迫解散，其成员大多是数学家、天文学家和音乐家。
② 赫西俄德，公元前8世纪古希腊诗人，相传《神谱》为其所作。

>因为习惯不同就不会有感情。

对于夫妻之间的虚饰问题,我们的观点是:夫妻之间不应借助于容颜举止上的或肉体上的虚假做作来相互亲近。依赖于这种虚饰的夫妻生活无异于粉墨登场的演员的表演。

……

一个好的女人应该在家中主持家政,按照制定好的规则关照一切;如果她的丈夫不知道,她就不让任何人进入家中;她应该特别畏惧那些使游手好闲的女人们的灵魂堕落的流言蜚语。至于家中发生的事情,只要她自己知道就行了,但倘若由外来者造成了什么损害,则应由她的丈夫负责。她必须学会掌管丈夫所允许的用于节庆上的开支,服装、家具所使用的经费也应低于国家法令所规定的水准,并且应考虑到,无论是服装的花样翻新还是金钱的众多,都不像在任何事情上都保持节制和对高尚而有条理的生活的追求那样,对一个女人的德行有所增益。事实上,每一种这样的事情都是她灵魂的装饰和升华,由于这将给她自己和她的子女带来应有的荣耀,从而对她的老年来说是更为可靠的保障。

因此,在这些事情上,女人要使自己学会有条理地主持家政(要一个男人了解家中发生的事情,显然是不适宜的),但是,在所有其他事情上,她应当力求服从自己的丈夫,既不打听任何公共事务,也不要打算去做某件显然与婚嫁有关的事情。即使到了为自己的子女安排婚嫁的时候,她也应该在所有事情上服从自己的丈夫,征询他的意见,一旦他有所盼咐就顺从他。她应该知道，男人在家中无论做些什么都不像女人打听外面的事务那样不成体统。但是，一个贤淑的女人必须认识到，丈夫由神确立的品格通过婚姻和命运与她联结起来，为她的生活建立了规范。如果她能够耐心地、谦恭地承受这些品格，她治理家庭就会很容易，若不然就会很困难。因此，她不仅必须在她的丈夫遇到好运和其他荣耀时与他一心一德，在他身边心甘情愿地为他服务，而且即使在他身陷逆境时也要如此。甚至在她的丈夫失去好运，或者身染疾病，或者神志昏迷时，她也应该始终好言慰藉，保持体面，不做任何卑贱的或者与她身份不相称的事情。她必须注意，如果丈夫由于神志的这种状态而对她犯了什么过错，她不应有任何抱怨，好像这事是丈夫自己做出似的，而应把这一切归咎于他的疾病、昏迷和偶然的过失。她越是在这种情况下小心顺从，受到精心照料的丈夫一旦摆脱了厄运和疾病，对她表示的赏识也就会越大；如果女人不顺从丈夫在状态不佳时所吩咐的事情，丈夫在病愈后对她的不满也就会更深。因此，女人必须避免这种不适当的顺从，在另一方面她也要比被卖到这个家里来的女仆更谨慎地服侍丈夫：她确是以昂贵的代价买来的。这就是共同生活和生育子女，再也没有比这些事情更重要、更神圣的了。此外，纵然她与一个富有的男人一起生活，她也不能同样地闻名遐迩。适度地、正当地享受好运固然绝非低下的事情，但恰恰是安贫乐道才更值得尊敬，因为处在众多不公正和痛苦之中而又不做任何卑贱的事情，需要一个坚强的灵魂。因此，女人必须祈求丈夫不要陷入厄运，但如果他真的遇上了什么不幸，她应该相信这是一个明理女人的最高荣誉。因为她应该考虑到，倘若是与一个富有的男人一起生活,那么,阿尔刻提斯①就不能获得那么大的声望,珀涅罗珀②也不能赢得如此多的荣耀,然而,阿德墨托斯和奥德修斯的厄运使她们赢得了不朽的怀念。由于她们在逆境中对自己的丈夫保持忠诚和公正,她们当之无愧地受到诸神的尊敬。寻求幸运的共享者并不困难,但只有最好的女人才会愿意分担厄运。由于这一切,女人必须要多得多地尊敬自己的丈夫,即使像俄耳甫斯③所说的那样,当他不再勇武、不再富有时,也不可为他感到羞愧。

因此,女人必须遵守这种类型的法则和风俗,但男人也可以在类似的东西中发现指导妻子的法则,因为妻子是作为和他自己的生活伴侣走进他的家,并给他留下将继承他的祖先和他自己的名字的子嗣。还有什么事情比由一个最好、最高贵的妇人所生的、作为父母最好的、最纯洁的保障和整个家庭的维系者的子女更神圣,更让有健康理智的男人向往呢?因为子女在父母的正确培养下成为能笃敬地、公正地对待父母的人,这就好像是对父母的美好酬报,但是,不坚持这样做的父母就要遭受一种背弃了。如果父母不能给子女的生活树立榜样(那么,子女也就可以理直气壮地找到不这样做的理由),他们将会终生担心由于自己的生活不高尚而受到子女的轻视。

因此,在教导妻子方面,男人不可有任何疏忽,以便尽可能由最好的血统繁衍后代,就连农民也力求没有任何疏忽,以便在

---

① 阿尔刻提斯,古希腊传说中的贤妻良母,英雄阿德墨托斯的妻子。
② 珀涅罗珀,古希腊传说中的贤妻良母,英雄奥德修斯的妻子。
③ 俄耳甫斯,古希腊传说中的音乐天才,因得罪酒神而遭遇种种不幸。

最好的、最精心地耕耘的土地上播下种子，因为他期望以这样的方式获得最大的丰收；他决心使土地不致受到任何破坏，如果发生了这样的事情，他不惜死于同敌人的战斗，这样的死将会受到极大的尊敬。但是，如果这样的执著是为了灵魂的种子播种于其上的身体的食粮，那么，为什么不把这所有的执著用于其子女的母亲和乳母呢？因为只有这样，一切不断产生出来的凡人才会有永恒，而所有的祈祷和企求都是对着祖先的神灵而发出的。谁忽视了这一点，显然他也就是蔑视了神灵。男人把祭品供奉在诸神灵面前，把妻子带到家中，为了诸神灵，他在父母之外给予妻子以更大的尊敬。

但是，对一个贤惠的女人的最大尊敬就是让她看到自己的丈夫对自己保持忠诚——不与其他任何女子有更多的牵连，而是认定自己的妻子与其他所有女人相比是对自己最热爱最忠诚的。这样，妻子就会更加努力这样做了：如果她认识到自己亲爱的丈夫对自己既忠诚又公正，那么她也会对丈夫报以应有的忠诚。因此，一个聪明人既不能不知道对父母保持应有的尊敬，也不能不知道对自己的妻子和儿女保持应有的尊敬，以便使自己得到应有的东西，并成为公正的、受人敬重的人。因为每一个被剥夺了自己尊严的人都会感到极度的不快，一个人在自己的东西被剥夺时，即使被给予更多的原属别人的东西，他也不会乐意接受。同样，对于一个妻子来说，没有比和自己丈夫的值得尊敬的、忠诚的共同生活更重要、更切身的东西了。因此，一个具有健康理智的男人，不应该为了有机会在无论什么地方播下自己的种子，就接近不管什么样的女人，以免由卑贱的、不适宜的女人产生出与合法子女等权的孩子,并由此使他的妻子蒙受耻辱,给他的孩子招来骂名。

因此,男子对所有这些事情都应该给予重视:他应该带着敬意、带着更多的谦虚和敬畏接近自己的妻子;倘若她做得对,应该对她说一些亲近的话;对于他所允许的和赞扬的举动应表示更多的尊重和信任;应该宽恕她那些微不足道的不自觉的过失;如果她由于无知而犯了什么过错,他应该提醒她,不能毫不尊重、毫不恭敬地恫吓她;他既不应该漫不经心,也不应该严酷无情。一个淫妇与其奸夫之间的情感就是如此,而带着尊重和恭敬相亲相爱,相互敬畏,则是一个自由的女人与其丈夫之间的情感。事实上有两种敬畏:一种产生自明理的、值得赞扬的子女,对父母以及守法的公民对仁慈的统治者所表现出的尊重和恭敬;另一种则产生自敌意和仇恨,就像奴隶对主人以及公民对不公正的、喜怒无常的暴君所表现出的那样。

……

一个男人必须从所有方法中选出较适用的,以使妻子与他和睦一致,对他忠诚,并和他同心同德;这样,无论丈夫是否在场,妻子的表现都会始终如一:当丈夫在场时,他们仿佛都是共同事务的管理者;当丈夫不在场时,妻子应该感到再也没有人比自己的丈夫更好、更谦虚、更与自己一心一德了。她应该表现出这一点,从一开始就以共同的幸福作为自己的使命,尽管她在这些事情上是新手。如果男子能够在最大限度上管好自己,他就会成为自己全部生活的最佳管理者,并教会妻子做同样的事情。荷马从不赞扬没有谦恭的友谊和敬畏,但他处处赞扬带着谦虚和恭敬的爱，赞扬像海伦对普里阿摩斯①的那种敬畏。海伦说："最亲爱的公公，你对我来说是既可畏，又可敬，又可怖的。"她这样说的意思无非是说她带着敬畏和恭敬热爱自己的公公。此外，奥德修斯也对瑙西卡②说过这样的话："夫人，我非常欣赏和敬畏你。"荷马的确认为丈夫和妻子应该相互如此，他相信，如果夫妻双方都这样做，那么对双方都有好处，因为从来没有一个男人会热爱一个比她更差劲的妇人，也不会欣赏她，更不会恭敬地敬畏她。这样的情感只会对更高尚且天资高的人产生，知识较贫乏的人对知识更丰富的人产生。奥德修斯就对珀涅罗珀怀有这种情感，在他离家外出期间没有犯过任何过错。但阿伽门农就由于克律泰伊斯③而做了对不起自己妻子的事，他在集会上说这个没有高贵出身、甚至可说是野蛮人的女俘在女性德行上并不比克吕泰涅斯特拉④差。他如此对待那个为他生育子女的女人，是不高尚的，和另一个人同居也是不公正的；既然他在知道这个女人会如何对待他之前很久就用暴力劫持了她，这怎么能是公正的呢？但奥德修斯在阿特拉斯⑤的女儿请求他与她一起生活并许诺让他得到永生时，并不愿为了得到永生而出卖自己妻子的温柔、爱情

---

① 海伦，古希腊传说中的美人，后被特洛亚王子帕里斯带回特洛亚，从而导致古希腊人和特洛亚人的战争，即"特洛亚战争"。普里阿摩斯，特洛亚城邦的国王，帕里斯的父亲。见荷马史诗《奥德修记》，下同。
② 瑙西卡，古希腊传说中的公主，她救了奥德修斯，并要嫁给奥德修斯，但被奥德修斯拒绝了。
③ 阿伽门农，特洛亚战争中希腊联军的主帅。克律泰伊斯，特洛亚城邦的女祭司，被希腊联军俘获后为阿伽门农所占有。
④ 克吕泰涅斯特拉，阿伽门农的妻子。
⑤ 阿特拉斯，古希腊传说中的擎天神。

和忠诚,他相信,如果他作为一个坏男人得到了永生,将会遭到最严厉的惩罚。即便是和喀耳刻①,他也只是为了自己朋友们的安全才留下来的;他对喀耳刻说,再也没有比能够重见他的故乡更美妙的事情了,尽管这是非常艰难的;他祈求能够重见其作为凡人的妻子和儿子,更甚于祈求自己的生命,就像他坚定地保持对自己妻子的忠诚一样,他也由此从自己的妻子那里得到了同样的东西。

  显然,诗人②在奥德修斯对瑙西卡所说的话中极大地赞扬了男人与其妻子通过婚姻形式的纯洁的结合。他祈求诸神赐予瑙西卡一个丈夫和一个家,赐予她所渴望的与丈夫的和谐,但不是任意一种和谐,而是一种高尚的和谐。他说,对于人们来说,再也没有比丈夫和妻子志同道合地治理家庭更美好的事情了。由此又可以看出,诗人所赞扬的并不是一种几乎是恶劣的奴役性的和谐,而是以灵魂和智慧正确地结合起来的彼此和谐,因为它也意味着以这样的意志治理家庭。而这又说明,由于以这样的方式产生了爱慕,使仇者痛、亲者快,人们也就最赞成他说的话,因为他说出了真理,如果丈夫和妻子能够达到最大程度的和谐一致,他们双方的朋友就必然也能够和睦相处,这样,他们作为强者对敌人来说是可怕的,而对他们自己人来说是有益的。如果他们不能和睦相处,他们的朋友也会如此,那么,他们将会以上述方式最强烈地感到自己是弱者。

---

  ① 喀耳刻,古希腊传说中的女巫,她把奥德修斯的朋友变成了猪;奥德修斯为了救朋友,不得不答应她留下来和她一起过夜。
  ② 指荷马。

在这里，诗人明确地劝谕夫妻双方要在坏事和不道德的事情上相互抑制，同时尽可能地在道德的和正确的事情上相互支持。首先就是必须尽力关怀父母，丈夫对妻子父母的关怀不得少于对自己父母的关怀，妻子也应该同样地关怀丈夫的父母。其次，他们必须把子女、朋友、财产和整个家庭当做共同的事情来关怀，相互比赛，看谁为共同的幸福作出更大的贡献，表现得更高尚、更公正；他们应该戒绝傲慢，以一种谦让的、仁和的方式正确地治理家庭，以便能够在老年时，当他们摆脱了职责和繁重的操劳以及年轻时代偶尔出现的贪欲和享乐之后，相互之间并对子女们作出回答，看两人中谁对家庭的幸福作出的贡献更大，并且当即知道，究竟是命运造成了苦难，还是德行带来了幸福。谁在这些方面取得了胜利，谁就从诸神那里得到了极大的报酬，就像品达所说，美好的心灵和希望支配着凡人们多变的意志，其次就是幸福地被子女赡养到老年。因此，在私人和公共事务中必须对所有的神和神所赋予生命的人有一个正确的态度，尤其是对自己的妻子、儿女和父母。

崔延强　李秋零　译

论父爱
——致埃蒂斯塞卡夫人
[法] 米歇尔·德·蒙田

米歇尔·德·蒙田（Michel de Montaigne 1533—1592），法国思想家、散文家，曾在法院任职多年，后归隐田园，潜心著述，以多卷散文集《蒙田随笔》闻名于世。本文选自《蒙田随笔》第2卷，原是蒙田写给埃蒂斯塞卡夫人的一封长信（他自称为"论文"），内容主要是"现身说法来谈谈父爱"，故取名为《论父爱》。

所谓"论父爱"，意思就是"怎样做个好父亲"。为什么是"父爱"，而不是"母爱"？有两个原因：一是，他要"现身说法"，当然只能谈父爱，没法谈母爱；二是，这里谈论的对象主要是成年子女，而成年子女和父母间最大的问题，就是家庭财产问题，即：成年子女是否拥有和父母一样的支配家庭财产的权利——这在很大程度上是由父亲来决定的（至少，在蒙田那个时代是如此）。那么，蒙田对此的态度又如何呢？用他自己的话来说就是："倘若我们想要得到子女的爱，倘若我们想要消解子女对我们的怨恨，甚至希望我们早死……那就让我们竭诚扶持他们吧！"怎样"竭诚扶持"呢？那就是，当子女成年并具有独立生活能力时，年迈的父母把自身生活费用之外的所有家庭财产统统移交给子女。这不仅对子女有好处，对父母自身也有好处。对子女来说，这部分家庭财产有助于他们获得较好的社会地位，有利于他们日后的发展；而对父母来说，放弃这部分财产既可活得轻松一点（多余的财产，对行将就木的老年人来说其实是累赘），又能赢得子女的感激和爱戴，何乐而不为？当然，前提是子女要懂得感恩，而这正是做父亲的早先应该担起的责任——把子女教育好；否则，这个家早就完了，用不着再到晚年时来谈什么父爱了。

对于蒙田的这种态度，想必大多数读者（尤其是中国读者）都会赞成。但对于蒙田在本文中说到的一件事，或许大多数现代读者都会摇头（实际上，现代法律也是不允许的）。那就是：他认为做父亲的在年老病故前应该自己选择好财产继承人，而不要交给妻子去处理，因为"让女人根据她们的判断来左右我们的继承权，并让她们来选择我们的继承人，这无异于玩火，因为女人的选择总是反复无常、有失公允。贪婪和无常（正如女人在孕期所表现出来的贪吃和古怪口味一样）是女人终生难移的本性"。也许，蒙田的这封信写得太长了，写着写着，他忘记了这封信是写给一个女人的；也许，在那个时代，这样评论女人连女人自己也是认可的——谁知道呢？

总之，从本文可见，蒙田的家庭观在当时是"颇为先进"的，几乎没有夹入任何陈腐的宗教观念（要知道，那时是中世纪后期），而是完全以理性为基础的（甚至是太理性、太世俗了）。但他终究是个古人，终究还有一些古人的习性——鄙视女性，就是其中之一。

　　夫人，倘若我不能以奇特和新颖求得读者的青睐（事物的价值通常为这些性质所赋予），我就别指望在这桩事上发生奇迹。然而，我的意图确有令人着魔的不同凡响之处，所以成功倒也并非不可企及。就我的天性而言，我一向不赞同做事过于踌躇。我之所以对此事忧心忡忡，或许是因为我多年独居生活所致。不过,我的写作念头也是由此萌发的。事实上,我所论及的题目除了新奇之外,并无引人瞩目之处,人人皆可谈论。而对于那些声名显赫的大师来说,这个题目未免过于平庸,根本不值他们一顾。所以,我撰写此文,无法觅得可供参考的资料,一切均出自我自己的想法。既然这样,我只能根据我自身的经历和体验,别无他途。

夫人,我要现身说法来谈谈父爱。不过,倘若我仅仅一味高谈父爱,而置您或母爱于不顾,那就有失公允了。在您的诸多美德中,对子女的慈爱无疑占居首位。为此,我开篇首先要谈的是您和母爱。当您的丈夫埃蒂斯塞卡先生弃家出走时,您像许多境遇和您相同的法国夫人一样,为纷至沓来的求婚者所簇拥,这中间还不乏高贵显赫之人。然而,您却毅然独立挑起了养育子女的重担①。多少年来,您和困苦相伴,奔波于法国的乡村城镇,凭着您的智慧和运气,循循诱导子女并获得成功。我敢断言,无论是谁,倘若知晓这一切,都会慨然得出和我一样的结论:您堪称当代最杰出的母爱典范。

夫人,仁慈的上帝会成全您的。您将从您儿子那里得到令人欣慰的报答。在他成人后,他仍将是一个聆听您的教诲、不忘您的慈爱的好儿子。只是他现在还年幼,尚不明事理,无法领悟他所得到的母爱是何等深沉!我希望,这一切能由我来向他诉说;因为,即使有一天我已长眠于地下,他仍会读到我现在写下的文

---

① 埃蒂斯塞卡夫人后于1580年第二次结婚。不过,蒙田写这封信时,埃蒂斯塞卡夫人还是单身母亲。

字,仍会从中感悟到您对他的慈爱和奉献。愿上帝给他以启示,使他知道:他是全法国得到母爱最多的人;而且,他唯有领悟到您对他的无私奉献,才能真正表明他自身的美好品德。

倘若确有某种自然法则,即是说,确有某种不容置疑地支配人类行为的普遍而恒常的本能的话,那么依我之见,除了趋利避害的自我保护本能之外,当属父母对子女的爱的本能,尽管它是第二位的本能。天性业已表明,父母之爱子女,意味着族类优质的繁衍和增进。这就不难理解,虽然子女也爱父母,但这种爱却难以和父母对他们的爱相提并论。

我们还能由此进一步引申。亚里士多德曾经断言:一个施惠者对受惠者的爱,更甚于受惠者对他的爱。给予者更爱被给予者。同样,从事任何一种工作的人,爱其工作更甚于工作爱他——当然,这是假定工作本身有知觉的话。对人类说来,最宝贵的就是生存,而生存恰恰在于有所作为。从这个意义上说,人莫不生存于行为之中。施惠者履行一种美好而可敬的行为,而受惠者履行一种有利的行为。两种行为相比较,后者自然大为逊色。美好的行为总是长驻不变而使其履行者从中长久受惠;有利的行为则短促易逝,既不易唤起人们的情感,也不能在记忆中留下清晰的烙印。对我们来说,最珍贵的事物正是我们为之付出最大代价的事物;正因如此,给予必然比被给予更加难能可贵。

承蒙上帝的恩赐,我们有了理智能力,我们不必如动物那样,只能拜倒在自然法则之下;我们有了理性判断,有了自由意志,我们能够使自身顺应自然法则。诚然,我们应当承认自然法则的至上性,但我们不应听任它们的专横驱使;唯有理性,才是我们意向之神明。

凡存在于我们自身中的那些欲摆脱理智的倾向，都让我感到不可名状的厌恶。就我正在谈论的主题而言，我很难保持那种激情，即对刚刚出世的婴儿的爱抚所产生的那种情感。在我眼里，他们不仅没有心灵活动，也没有令人喜爱的肢体动作，我甚至无法忍受他们吃奶时那种样子。

只有当我们渐渐地了解了他们之后，一种真正的、完整的情感才会油然而生。那时，倘若他们配得上我们的爱，我们就会给予他们真诚的父爱，我们的本能意向就会和我们的理性相吻合。倘若他们不值得我们爱，我们也会对此做出理智的判断，因为我们总是会服从理性，避免和自然力量发生冲突。但是，更多的时候，我们的做法却与此相反。孩子们的嬉戏、玩耍和幼稚的行为，往往比成年人的行为更易打动我们的心，似乎我们爱子女，只是因为他们可供我们消遣。他们不是被看作人，而是被当作了猴子！许多做父母的，在为子女买玩具时十分慷慨，而一旦子女成人后，却对他们所需的零用钱，变得吝啬起来。这只能使人觉得，我们是因为嫉妒而变得斤斤计较起来。因为子女的成长，意味着他们开始拥有这个即将抛弃我们的世界；他们长大了，意味着我们和他们之间的距离缩短了，好像正是他们，步步紧逼我们离开这个世界。为此，我们烦恼不已。然而，倘若我们有这种畏惧，那就不配做父亲。事实就是这样：除非我们以自身的存在和生命作为代价，否则就不可能抚育我们的子女。

我一向认为，不承认子女有权分享我们的财产，或者拒绝他们参与家庭事务（甚至在他们已经通晓事理时亦如此），这不仅是不公平的，甚至是残忍的。为了子女的幸福，我们理应节俭，限制自己的享乐。因为正是为了这个目的，我们才把他们带到这个世界上来的。倘若一个老朽而昏聩的人，一面挥霍本该满足子女需求的财产，一面却要求子女忍受贫穷，要求他们耗费青春年华去为牟取财富而努力——这不仅有失公允，甚至会迫使子女因为疯狂地寻求出路而不惜采取邪恶的手段；要知道，为了生存，他们有时不得不这样做。就在我们这个时代，许多名门出身的年轻人堕落为真正的窃贼，而且任何规劝对他们都无济于事。我认识的一个年轻人，本是名门之后，却走上了一条邪恶的道路。他的兄长（一位颇有修养而值得敬重的人）请我代为规劝。我和他交谈时，他直言不讳地说：他之所以染上这种恶习，沦落到这种田地，就是因为他父亲的严厉和贪婪所致。他现在已经习惯了这种生活，已经无法改变了。前不久，他在一次聚会时和同伙合谋偷窃一位女士的戒指，被当场抓获。

　　由此，我联想到过去曾听说的一位先生的隐私。这位先生很小就开始从事这一行当①。他嗜偷成性而且技艺高超，及至他继承了一笔遗产，打算洗手不干时，竟发现难以自制：只要见到商店里有中意的东西，他的手就会发痒，就会偷盗，虽然偷来之后，他又悉数归还。这种恶习缠身的人，我见得多了，他们连自己的朋友也不放过，也要偷，而实际上，他们并非要想占有别人的东西。

　　作为一个格兹贡②人，我对一切邪恶都有一种出自本能的憎

---

① 指偷窃。
② 格兹贡，法国地名，当地人以诚实为荣。

恨，这种憎恨比出自理智的谴责更为强烈。我从未有过想占有他人财物的念头，对这种行为更是觉得不可原谅。和法国其他地区相比，我们这里的偷盗案要少得多。最近，我们在不同的场合听说，外省正在审理一些贵族子弟的抢劫案。我认为，在很大程度上，导致他们犯罪的正是他们的父亲——那些贪婪而吝啬的父亲。

假若有一天，某位貌似通达事理的绅士这样答复我：他正在以节俭财富的手段来赢得家人的注意和尊重，因为他已年迈，本属他的那些权利几乎丧失殆尽，唯有这种选择，才能维持他在家庭中的至高地位，才能避免沦落到为家人所轻视的境遇。一个多么可怜的父亲！他除了施用恩惠来换取子女的爱，竟再也没有能够维系父子情感的东西了。这也能算是情感？其实，问题倒不在于老年本身，诚如亚里士多德所说，贪欲乃是万恶之渊薮。而这就是我们预防某种疾病扩散的良药。这位先生本该以其美德和才干来赢得子女的尊敬，以其慈善而温雅的气质来博得子女的爱。要知道，即便是高贵者的骨灰也有价值——我们历来敬仰高贵者的遗骨和遗物。

迟暮之年，并非一定是令人厌恶或衰败枯朽的。一个有过体面经历的人，必然会受到他人的敬重，更不用说，受到他自己的子女敬重了。问题在于，他当以理性施教于子女，而不能以独断独行或者压制和苛刻来对待子女。

> 人之大过，莫过于相信
> 凭借强力所占有的权力，

较之以友谊而获得的权力

更强大、更牢靠。

至少,这是我的看法。

——泰伦提乌斯[①]

在开启一颗脆弱的、应该为荣誉和自由而多多磨炼的心灵时,我反对一切粗暴行为。独断和压制只能培养出奴性;凭理性、智慧和机敏得不到的东西,凭强力也不会得到。我自己的经历很能说明这一道理。我的整个孩提时代,仅受到两次轻微的体罚。这当然是在我长大后才被告知的。我也是这样来对待我自己的子女的。在我的几个孩子中,除了长女里奥娜,其余的都不幸死在襁褓之中。对待里奥娜,我们从未使用过言教以外的任何方法来纠正她的某些幼稚的过失;直到她六岁多了,我们仍以娓娓动听的言语诱导他。这倒是和我妻子对她的溺爱一致的。尽管我对里奥娜的期望可能会落空,但这不应归咎于我的教育方式。我的教育方式是合理和正常的,至于结果不尽如人意,或许是另外一些原因所致。不过,倘若以这种方式来教育男孩子,就应当更为慎重一些。男孩子生性自由、不善服从,对待他们当以诚恳和率直的态度,帮助他们鼓起勇气。我从来认为,在棍棒下长大的孩子,心灵更为懦弱,更为固执。

倘若我们想要得到子女的爱,倘若我们想要消解子女对我们的怨恨,甚至希望我们早死——尽管这种恶毒的想法在任何情况

[①] 泰伦提乌斯(约前190—前159),古罗马喜剧家。

下都是不可饶恕的,然而——

犯罪本无理性可喻。

——李维①

那就让我们竭诚扶持他们吧!为此,我们应避免过早结婚,否则子女成人时,我们尚未进入老年,这会使我们陷入更大的困境。当然,这是就贵族阶层而言的。贵族是有闲阶级,或者用他们自己的话说,就是以食利为生的人。至于那些以劳动为谋生手段的人来说,增添孩子是有利于家庭生计的,因为孩子越多,为家庭带来财富的可能也就越大。

我在三十三岁结婚,大致符合亚里士多德的主张:一个人结婚的最佳年龄为三十五岁。柏拉图在三十五岁以前也没有娶妻;不过,他嘲笑那些在五十五岁以后才履行夫妻义务的人。这是完全正确的,因为这关系到后代的生存状况。泰勒斯②曾为自己规定了最精确的时限:当他还年轻时,他母亲要他结婚,他回答说,他还没有到应该结婚的年龄;但当他到了可以结婚的年龄时,一时又没能如愿;所以,他后来结婚,又太迟了。这样的不当行为,我们不应该为他开脱。古代高卢人③认为,男人不满二十岁就和女人有染,那是一种莫大的罪过;年轻男子要保持童

---

① 李维(前59—17),古罗马历史学家。
② 泰勒斯(前624—前547),古希腊自然哲学家、米利都学派(古希腊最早的哲学学派,也称爱奥尼亚学派)的创始人。
③ 高卢人,即法国人。

贞,尤其是那些参军接受训练的年轻男子,必须恪守童贞。因为他们相信,和女人有染,男子的勇气会被削弱。

> 而今,他迷恋娇妻,
> 尽享天伦之乐;
> 情爱、父爱,
> 已经吞噬了他。
> ——塔索①

在古希腊的一些地区,人们为了奥林匹克竞赛、角力和其他一些运动,必须保持强健的体魄,如塔伦廷的伊库斯、阿斯特罗斯和狄奥普姆普斯②等;在整个训练期间,他们甚至杜绝一切房事。突尼斯国王默莱伊·哈桑(查理五世传位于他),谴责其父与女人过从甚密,称他为虚弱的、女人气的、生儿育女的人。在西属印度某地,四十岁以下的男子被禁止娶妻,而女孩子十岁左右就允许出嫁。

倘若某先生刚刚三十五岁,就让位给他十二岁的儿子,这未免过早一些,因为他仍然能在远征或御前有出色的表现。他需要他所拥有的东西,尽管这应当与家人共享,但他不该放弃过多,不该牺牲自己而有利于他人。这样的人的确应该重复那句曾为我

---

① 塔索(1544—1595),意大利拉丁诗人,代表作叙事长诗《被解放的耶路撒冷》。
② 塔伦廷的伊库斯(Iccus the Tarentine)、阿斯特罗斯(Astyllus)和狄奥普姆普斯(Diopompos),均为古希腊运动健将。

们的父辈所津津乐道的话:"我不会脱掉我的衣服,除非我想睡觉。"

然而,一个为人之父者,当其风烛残年、病魔缠身而虚弱无力时,倘若仍徒劳地想把持着庞大的家业不放,那就无异在给自己和孩子造孽了。倘若他足够聪明,当领悟这个道理:睡觉时不但要脱掉衬衣,就是那件绣花睡衣也应该脱掉。不要再去想那件睡衣有多漂亮,因为这对他来说已毫无意义。他本该奉行事物的自然法则,自愿地把财产奉献给应该占有它的人。他的唯一权利,就是疏远财富的权利,因为自然法则业已剥夺了他占有财富的权利。除此之外,任何其他图谋,必然导致怨恨和嫉妒。查理五世[①]借鉴古代帝王后,就领悟到了这个道理:当礼服过长而成为累赘时,就应该脱掉;当人感到疲惫时,就应该睡觉。这是查理五世一生中最得意的一件事:当他对治理国事感到力不从心时,他毅然放弃治国大权,把王位让给了他年轻有为的儿子。

> 醒悟吧!解脱这疲惫的老马,
> 允其解铠卸甲,喘息休养,
> 免得身败名裂,贻笑大方。
>
> ——贺拉斯[②]

正是这个错误,亦即未能及时领悟人到垂暮之年体力和精力

[①] 查理五世,法国瓦卢瓦王朝国王(1364—1381年在位)。
[②] 贺拉斯(前65—前8),古罗马诗人、批评家。

自然会衰退（依我之见，体力和精力同样重要），曾使许多伟人的声誉被败坏。我在日常交往中有幸接触某些大人物，有些和我关系还很好。我发现这些大人物正在发生一种令人难以置信的变化：他们昔日在我心目中的才华横溢的形象，正在为智穷才竭的印象所取代。为了他们的声誉，我衷心希望他们能摆脱那些琐事俗物，摆脱那些对他们来说已不堪重负的公共或军队事务，退居家园，安度晚年。

我照例经常造访某位先生，他是一个丧妻鳏居、但精力尚好的老人。他的几个女儿都到了应当出嫁的年龄，一个儿子也开始步入社交界。他为这一大家子人所累，尤为应酬那些络绎不绝、但又鲜能为他带来乐趣的造访者所累。这不仅是为理财所致，还在于他那一套与我们时代格格不入的生活方式——他当属他那个时代的人。一天，我冒昧地直言，劝他最好能超脱一些，把家业交给儿子来操持。为了躲避烦乱嘈杂，我建议他就近另觅一块地产，做个隐逸君子，无忧无扰地安度余年。否则，勉强与子女生活在一起，就不能摆脱那种疲于应酬的可厌境遇。后来他接受了我的劝告，也从中体验到这样做的好处。

一个人将财产移交给子女，是否意味着他签署了一张连他本人都无法废除的契约呢？不能作这样的理解。我，作为一个有资格充当这一角色的人，将会把我的住宅和财产交给子女来享受；但不论怎样，我都有权改变我的想法。我放弃的只是使用权，因为它们对我已失去意义。我还为自己保留更多的权利，它使我具有更大的权威。我一直认为，作为一个父亲，最大的乐趣就在于：他能够亲手教给他子女经营他的家业，在其有生之年，能够根据自己走过的路来启发、教育子女；他应当能够控制并约束子女的行为。这样，当他把家业托付给后人时，他会为自己维护了家规祖训而感到荣幸，也会为自己实现了光宗耀祖和承上启下的业绩而不胜欣慰。

  为此，我不会逃避与子女的交往。倘若年龄允许的话，我会关心和注意他们，我会与他们一道欢聚宴乐。倘若我无法实现这一目的，换句话说，倘若我只是一味地用老年人那种抑郁或病态的粗暴来打扰他们，或者我从中得到的仅仅是打乱我业已习惯的生活秩序的话，我也不会和他们一起生活。不过，我会在他们的近旁——一个属于我自己的天地中生活。那儿或许说不上风雅，但也舒适安逸。我不会像普瓦捷的圣希拉里教堂的一位主教那样生活。这位主教本是一个不拘一格、才华横溢的人，但在一次胃病发作后，他陷入了精神抑郁状态，对生活抱有一种与世隔绝的态度。几年前，我到他的起居室拜访他，那时他已整整二十二年未曾离开那个房间了。他很少会见来访者，甚至一周也不见一个人。即使每日为他送一次饭的仆人，也无法见到他的尊容。他终日独自苦守在房间里，除了踱步就是读书（他本来就是某方面的学者）；他就这样日复一日、年复一年地生活着，直到告别这个世界。

  本着良好的意愿，我将尝试在我的孩子中培植起一种对我的温柔而真挚之友情。这不是可望而不可即的，因为它来自高尚的天性。然而，倘若这些天性是不开化的、野蛮的（正像我的这个时代所盛产的那样），就注定会遭到人们的厌恶和唾弃。我嫌恶那种令孩子们生硬地称我们为"父亲"的习俗；也讨厌那种为表示尊重而用某些更不近人情的称谓。这使人感到，仿佛我们的天性尚未充分赋予我们以权威似的。我们称上帝为"全能的父亲"，而根本不屑于让孩子们也这样称谓我们。我已在我的家庭纠正了这个谬误。孩子们长大后，为了使他们继续保持对父亲的敬畏和服从，不惜对他们采取苛刻、淡漠的态度，阻止父子之间的亲密情感，这同样是荒谬和愚蠢的，它使我们成为孩子们心目中的那种面目可憎而又滑稽可笑的人物。这种做法显然不足为训。青春和活力是属于孩子们的，他们享受着整个世界的友善和偏爱；他们揶揄的只是那种专横跋扈的冷血动物——那种不折不扣的稻草人！即使我对此不无恐惧，我倒仍希望得到他们的爱。

　　人到暮年，犹如江河日下；人变得更为脆弱，经不起轻蔑怠慢。对老人说来，他能得到的最好的处境莫过于爱，莫过于天伦之乐。权威和恐惧已不是他们的武器了。我认识的某位先生，其幼年曾受到家庭严厉管教。待他成年了，他虽竭力按照常理行事，仍不免好凌辱他人、虚誓妄言、脾气暴躁。他算得上是法国最为粗暴的家长。他处心积虑，这使他常常精疲力竭。他吝啬而贪婪，两只眼睛紧紧地盯着他的贮藏室、他的地窖、他的钱袋。这些东西在别人看来不过是身外之物，在他则是生命的一部分；其珍视程度远甚于他的眼睛。他的所作所为，不过是一场闹剧，一场由他所策划的家庭闹剧。当他在为自己的节俭和惜财而庆幸时，这些东西却正在这所宅子的各个角落里发霉腐烂。这无异于赌博和奢侈，而他的无聊的发怒和吝啬，就显得愈发荒诞可笑了。所有的人都把他视为守财奴。倘若碰巧有某个贫贱的男佣对他表示某种亲近，他立刻就会警觉起来，这大概是老年人所特有的那种感觉。他多次对我吹嘘，他是如何控制家庭的，如何获得家人的尊敬和顺从以及如何明察家庭事务的。

只有他一无所知。

——泰伦提乌斯

我知道，无论谁都不能声称，他拥有更多的特权（无论先天的还是后天的）来保障和维护他的权威。然而，我所认识的一位先生，却幼稚地疏漏了这一点。这就是我之所以在我所了解的许多同类现象中选择他作为典型的缘由。

不论这位先生是好是坏，他似乎都可以成为学者们讨论的对象。在他面前，所有的人只能拜倒在他脚下，他为别人所信奉、畏惧和敬仰，因此他不必担心会遭到任何反对。这种无聊之举满足了他的权威。倘若他要解雇某个佣人，此人就得卷铺盖走人；不过，只要不让他看见就是了。这位先生年事已高，步履蹒跚、感觉迟钝；整整一年，居然没有发现他亲自解雇的那个佣人，依然在他的深宅大院里生活和劳作。当某个适当的时机来临，就会从某个遥远的地方寄来一封信，一封情辞哀切、令人悲怜的悔过信，它将使那个被解雇的佣人重获恩宠。因为外来的信件一概不直接交给他本人，他只能看到那些据说是适宜于他看到的信件。倘若他碰巧第一个拿到信件，那么按他的惯例，他会叫来一个他自认信得过的人为他读信，那个人就会及时地杜撰内容以投其所好。总而言之，这位先生所能看到的家庭事务，统统是计划周密和有条不紊地进行的。对他来说，下人所能做的，正是他这个主子所满意的。我发现,许多家庭都遵循着同样的原则,一成不变地管理家务,只是在不同形式下罢了。

女人经常表现出与丈夫离心离德的倾向。她们千方百计地抓住每一个借口来反对丈夫。她们这样做最初似乎有绝对正当的理由。我认识一个女人,她剥夺了丈夫的财产,却堂而皇之地对她的神父说,她这样做乃是为了更慷慨地施舍于穷人。多么虔诚的辩解!只要你愿意相信的话。倘若权利来自丈夫的让步,任何女人都不会感到满足;倘若权利对女人有着某种魅力和诱惑的话,她们肯定就会去谋篡它——无论奸诈或厚颜无耻,什么手段都在所不惜。这真令人厌恶。然而,就在她们这样做时,却俨然以子女代表的身份来反对一个不足论道的老东西;仿佛她们和子女都处在被奴役的地位,应当毫不迟疑地密谋反抗丈夫的统治。殊不知,正是在这个幌子下,她们成功实现了控制权力的目标。

倘若儿子们长大,正值年富力强之际,他们恩威并施,就会轻而易举地买通所有的人,无论管家、账房或其他什么人。没有妻室之累的人,固然鲜有陷入此种不幸者;但他们也自有苦痛之处,甚至有过之而无不及。老加图①在他所处的那个时代曾说:"有多少仆人,就有多少敌人。"我们这个时代,并不比老加图那个时代更为纯洁。但这并不意味着提醒我们,似乎我们的妻子、儿子和仆人,都成为我们的敌人。这恰恰是老年给我们带来

---

① 老加图,也称"大加图"(有别于他的曾孙小加图),古罗马时期的执政官,也是古罗马历史上第一位重要的散文作家。

的那种迷茫、无知和轻信。我们还可以退一步说，在当今，决定我们争端的法官正是站在年轻人一边的同党人，等待我们的命运又将如何呢？

倘若我不曾发现这个诡计，至少我没有疏漏这个事实，即我非常容易轻信受骗。谁有资格谈论朋友的价值？从公共关系的角度看，又有谁能谈论不同的友谊呢？甚至，我对维系兽群的那种联系，也是以一种诚惶诚恐的敬畏之情来看待的。因为这种联系是异常纯真的。倘若我为他人所骗，至少我没有自欺欺人的自信，我能够自我保护；我也不屑于为此而苦思冥想。我转向诉诸我自身，以作为这些劣行的慰藉。我从未放弃那种永不宁静或骚动的渴求，但萦绕在我心中的却是另外一些事情。当我听到关于某人陷入困境的经过，我并不把精力浪费在当事人身上，而迅即面向自我以观照自身。他人并非和我无关，就如他山攻玉，前事可鉴。但是，倘若我们一味执著于外部而不反求诸己的话，那就整天喋喋不休地在谈论他人的事情了——很可能，我们就是这样的。许多人所抨击的偏见，恰恰就是他们自己的偏见；他们对敌人的攻击，同样也适用他们自身。

已故马雷夏尔·德·蒙吕克（他的儿子是一个真正勇敢和有远大前程的绅士，不幸死于马德拉群岛）曾对我谈起他的悲哀和难以平静的心绪。他一生尽管有种种值得追悔和悼惜的往事，然而，最让他感到悲伤的是，他未曾向死去的儿子开启自己的心扉。他总是在儿子面前摆出一副父道尊严的面孔，因此失去了真正了解和赏识他儿子的机会，失去了向儿子表白亲生父亲那种深沉的爱的机会，也失去了理应给予儿子完美德行以高度评价的机会。他说:"我那可怜的孩子,他从我这里看到的只是无情和轻蔑;他死了,带着这样一种信念死去;他的父亲,既不能给他以爱,又不能对他的价值给予适当的评价和尊重。我为谁而正在唤起灵魂中所追寻他的那种奇妙的爱之隐秘,难道本该享有全部欢愉和义务的不是他吗?我在痛苦的煎熬和自我摧残,为的就是继续戴着这个愚蠢的面具。当我失去了与之为友的那种欣喜,也就失去了他对我的爱。他对我的情感除了留下冷漠的印记外,不可能留下任何东西。因为我对他就如同暴君一般,他从我这里得到的只是粗暴而已。"我认为,他的悲哀确有根据或道理。经验告诉我们,当你失去朋友的时候,任何安慰都是软弱无力的,因为良心启示我们:失去的,是无可挽回的,我们不能再与之分享那种完美无缺的情谊。

我在自己的家中总是尽可能开诚布公,毫不拘谨地表明我对家人的情感;同样,我也毫不保留我对他们的看法。为了不引起误解,我总是迅速而明了地公开我的态度,或是赞同,或是反对。

恺撒告诉我们①,古代高卢人的怪异风俗之一,就是未成年的男子不得在父辈们活动的场所出现;直到他们成年后,方才准许当众与父辈们在一起。由父辈来确认子女进入成人社会的时间,似乎甚为重要。

我已注意到,在我们这个时代,某些做父亲的往往不能公允

---

① 恺撒在成为罗马独裁者之前,曾是高卢(今法国)总督,还写有《高卢战记》一书。

无误。他们已经剥夺了子女在其漫长生涯中本该享有的财产，却仍不满足；他们还希冀在自己身后，他们的妻子仍能按照他们的遗愿，以权威来控制和处置他们的全部财产。我所知道的一位贵族是皇室的首席官之一，按照继承权，他每年可以获得二十五万先令以上的俸禄，然而他却死于匮乏和各种债务之中。当他五十多岁时，他母亲——一个老态龙钟的妇人，却仍然按照他父亲的遗愿来支配他的全部财产。顺便说一下，他父亲近八十岁方才谢世。在我看来，这未免有些太过分了。

鉴于此，我认为，对于一个男人来说，寻求一个嫁妆丰厚的女人，未必有利于他的事业成功。对于一个家庭来说，也没有比欠有外债而更具灾难性的了。这是我的祖先据以行事的原则，我也是这样做的。但是，有些人劝告我们勿攀富家女子，怕她们不够温顺和善良，他们错了。我们的真正利益可能就因这种轻率的假定而蒙受损失。一个没有理性可喻的女人可以同样不加思索地蔑视这种或那种见解。她自鸣得意之际，往往是她大谬不然之时。但是，正如不正当的行为诱惑着这种女人一样，一位大家闺秀也为有德之功所吸引。她陪嫁愈丰，天性愈善；正如她容颜愈美好，愈是保存着那种令人愉悦和敬仰的纯真。

只要子女尚未达到法定继承人的年龄，母亲就有权执掌家庭事务。不过，倘若父亲并不希望如此，他会着意培养子女；因为女性本身具有某些共同的弱点。一旦子女到了法定年龄，他们会比母亲具有更大的灵活性和更强的能力。但这样一来，又使母亲置于子女的庇护下，这也的确更不合适。按照母亲在家中的地位和年龄，她们应该得到更多的财产，以便维系自身的生存。与男人相比，女人更不适宜于匮乏，也更难于承受匮乏。生活的重负本该更多地由子女分担，而不应该由母亲来承担。

当我们即将告别这个世界的时候，怎样处置我们的财产不失为明智之举呢？我大致认为，依据本国的习俗惯例可谓明智做法。法律所考虑的远比我们自己盘算的周密，由法律做出错误判断，这比我们轻率地冒犯错误的风险更为可取。严格地说，我们所继承的财产并不属于我们自己，因为仅就民约和我们的独立而论，我们才注定成为独立的继承人。我们对此虽持有某种变通之特权，但我认为，倘若没有重要的而且显而易见的理由，我们不应该剥夺任何人所应有的机会，也不应该剥夺任何人所当获得的正当权利。依照我们个人的异想天开而随心所欲地支配权利，这才是滥用权利。我的命运之神对我是仁慈的，因为它从不曾给我以这种可能的诱惑之机会，也从不曾使我以个人的意向来改变公众的或法定的旨意。

我所知道的一些人，不惜花费大量时间来选择继承人。这种人操有大权，一句话就能决定一个人的命运。倘若某人能在最终的裁决中，寻找到一种能够满足他们欲望的方法，他就是一个幸运者。取得成功的关键步骤，并不在于最出色、最经常的表现，而在于能最切近或最直接地满足立嗣人的欲望。确有这样的人，他们玩弄最后的遗嘱，真真假假、虚虚实实，以便能酬劳或惩罚那些有幸成为继承人的每一个行为。确立一个遗嘱的影响是重大而深远的，甚至在每一种场合下都会表现出来。明智者是根据理性和惯例来决断的。

我们相当重视男性代理人①。我们的目的是使姓氏永存、香火不断：这种想法几近荒诞。对于未来，我们过分地干预；不过是希望我们对未来的憧憬能由我们的后代来实现。可是，倘若我生来迟钝、愚笨、呆板，我的学业较之我的兄弟和邻里同龄人要差，那么以此来认定并取消我的继承权，是否就公允了呢？事实上，依靠这些虚假的征兆来判定继承人，往往是愚不可及的。倘若我们一反传统惯例，修改这个为命运所赋予我们继承人的机会，我们怎样做才能更公正一些呢？我们只能在继承人有着明显体残或某些不可救药的痼疾时，我们的修改才是公正的，因为我们是么么追求和崇尚完美。当然，这样做也可能造成某种危害。

柏拉图的立法者②和他的臣民之间的有趣对话将证实这一点。当臣民感到他们将不久于人世时，他们对立法者说："何以此时我们仍不能根据自己的好恶来分配我们的遗产呢？何以我们不能根据朋友对我们的帮助多寡（在我们患病期间、老年期间以及在我们的事业中）来分配我们的遗产呢？这未免太残忍了！"立法者答道："我的朋友们，你们不久就会平静地离开这个世界。对你们说来，领悟德尔斐③箴言：'认识你自己'、'认识你有什么'，这或许太难了。站在法律的立场上，我认为，无论过去还是现在，你们和你们的财产并不属于你们自己，而属于你们的家庭；更进一步说，你们的家庭和你们的财产则属于社会。因此，

---

① 男性代理人是一种将来指定继承人的方法，如此才能避免家业被后代让与他人。蒙田曾经犯过这个错误。他的女儿第二次婚姻所生的儿子被指定为他的继承人，这导致他的家庭卷入长达200年之久的诉讼困境。
② 指柏拉图在其《理想国》里描述的立法者。
③ 德尔斐，古希腊阿波罗神殿所在地。

一旦你们病魔缠身、衰老孤寂时，倘若有阿谀奉承之辈居心险恶地迫使你们做出不公正的遗嘱，我会保卫你们的权益。但你们若有置国家利益、家庭利益于不顾者，我也将诉诸法律，让你们懂得：私人利益必须服从公共利益，这是唯一真理。走吧！平静而欣慰地告别这个世界，到你们注定要返回的那个归宿去吧！至于我，一视同仁地看待万物，为公众的普遍利益所计，竭诚照料你们所遗留的问题。"

还是回到我们的主题吧。我曾对下述三点甚感困惑：女人何以不该拥有任何超过男人的权威？何以不能拥有超过女人之作为母亲所有的天赋权威以上的权利？女人只是拥有这样一种权威，即她们可以通过肉欲来惩罚那些跪倒在她们脚下的男人。但这与我们一直谈论的老妇毫无关系。正是这种显而易见的原因，才使我们发明和实施了一种法律[①]，即女人不得染指继承权。这条法律几乎为世界上所有国度所奉行；而且，也总是有一些冠冕堂皇的理由来为之辩解。当然，在某些地方执行得似乎不那么严厉。

让女人根据她们的判断来左右我们的继承权，并让她们来选择我们的继承人，这无异于玩火，因为女人的选择总是反复无常、有失公允。贪婪和无常（正如女人在孕期所表现出来的贪吃和古怪口味一样）是女人终生难移的本性。通常，人们只要看一下她们对最弱小的孩子那种专注和溺爱就够了。当然这是假定她们有子女的话。女人不能拥抱那些值得她们拥抱的孩子，因为她

[①] 这是著名的萨利克法。古代一些君主专制朝代所制订的法规。根据该项法规，凡是只从女方溯源和已故君主发生血缘关系的后裔，均不得继承王位。该法规在法国形成，以萨利克法而得名。

们缺乏判断的勇气，她们会轻而易举地使自己在最易唤起天性的地方冲昏头脑。就如动物一样，女人也只认得那些嗷嗷待哺的幼仔。

况且，这一点还可以从我们所赋予的如此权威的天性之爱中发现。每天，我们从某些母亲的怀抱中夺走她们的孩子，而把我们的孩子塞到她们的怀抱中，我们只不过付出少得可怜的钱，就迫使那些母亲把自己的孩子交给粗暴的保育员来喂养，而我们自己对保育员根本信不过。她们就是一些雌山羊罢了。我们还严禁那些母亲为自己的孩子哺乳或操持，根本不顾及这样做会造成何种危害。因为唯有如此，她们才能全身心地投在我们自己的孩子身上。我们发现，大多数女人都会很快转向一种爱，一种类似于对私生子的柔情。甚至，这种爱比对自己孩子的爱更为强烈，对他们的专注也超过对自己孩子的专注。

我刚刚提到山羊。事实上，确有许多村姑不能亲自喂养子女，不得不由雌山羊代之。在我生活的地方，这种现象早已司空见惯。眼下在我家的两个男仆，就是从未吃过母奶一周以上的人。那些山羊能很快被训练为断掉母奶的婴儿哺乳。它们熟悉婴儿的声音。当婴儿哭闹时，山羊就为他们哺乳。倘若带进一个为山羊所陌生的婴儿，山羊就会拒绝为他哺乳，而婴儿也不接受那些为他们所不熟悉的山羊。我不止一次地看到，某些婴儿减少吸吮奶汁，就是因为喂养他们的山羊只是他们的父亲从邻居那儿借来的，婴儿无法适应而饿死。动物如同人一样，很容易改变和滥用它们的天性之爱。

我认为，希罗多德对利比亚山区的某些描述，肯定有诸多不实之处。他说，那里的男女随意私通，所生子女刚会走路，本能就将引导他们在人群中寻找自己的父亲①。

  这样，我们就理解到喜爱子女的简单道理：我们赋予他们以生命，我们称他们为另一个自我；但依我之见，我们所给予他们的，未必都出自我们价值极高的那些特质。唯有从我们灵魂中孕育出来的孩子，才能继承我们的精神、心灵和天赋中的精华。唯其如是，他们才能青出于蓝而胜于蓝。在人生的这一阶梯上，我们具有双重身份：既是父亲又是母亲；因此，我们付出了昂贵的代价。但是，他们的每一次进步都给我们以更大的补偿。别人的子女或许是出类拔萃的，相形之下，我们的或许略逊一筹；我们的贡献就微不足道了吗？然而，美丽、优雅及其全部价值，难道不正是我们自身吗？为此，他们才鲜明而准确地象征着我们。柏拉图称子女是永存的，因为他们使双亲成为不朽，甚至使之成为神，就如他们使利库戈尔斯②、梭伦③、米诺斯④成为神一样。

  史书上载有大量关于父爱的事迹，我在此直接借用一两个不同实例，似无不妥之处。特雷卡的善良主教赫利奥多罗斯⑤，宁愿失去高爵显位，失去令人敬慕的教职，也不肯牺牲他的女

---

  ① 希罗多德（约前484—前425），古希腊历史学家，欧洲历史学之父。其实，关于"男女随意私通"之事，是希罗多德的法译者扎利特的误译。
  ② 利库戈尔斯，传说中古代斯巴达的立法者，现无法确定是否确有其人。
  ③ 梭伦（约前630—约前560），古希腊雅典城邦的立法者。
  ④ 米诺斯，古希腊传说中的克里特国王和立法者。
  ⑤ 赫利奥多罗斯：公元3世纪的希腊主教。据说，他曾被迫在下述问题上作出选择：或者是焚毁他的《亚非利加史》——一个敏感而浪漫的故事，或是辞去他的主教职位。赫利奥多罗斯选择了后者。现代学者对此故事的作者表示怀疑，认为这个故事的真正作者可能是叙利亚的同名人。

儿——一个沐浴着春光的妩媚少女。因为,作为一个主教或神职人员的女儿,除了她有些过于好奇而且打扮得有些伤风败俗外,似乎也有些太多情了。

在罗马,有一个颇有权势的人,叫作拉比努斯。他有非凡的文学素养,是同时代作家中的佼佼者。我相信,他就是老拉比努斯的儿子。老拉比努斯是高卢战争①中,在恺撒帐前效力的主将,后加入庞培②一党,一直骁勇善战,直到恺撒在西班牙击败他。我现在说的小拉比努斯,一直因其具有许多伟大的品格而遭到某些帝国宠臣的妒忌。小拉比努斯出淤泥而不染的铮铮硬骨、对阴谋的敌对鄙视态度,为这些宠臣所无法容忍。我以为,小拉比努斯的这些品格很可能来自其父,而他的著作也为此增添异彩。他的对手在罗马地方长官那儿诬告他,并且一举查获了他的某些正在发行的著作,使之付之一炬。他开了遭受这种刑罚的先例,即不是直接判决他本人,而是判处他的著作、思想以死刑(后来这种处罚也落在罗马另外一些人身上)。仿佛不如此,他们就没有足够的机会和目标给予惩罚,他们就不能打击作者的荣誉和思想精华,他们就不能教训缪斯女神的明和教义。小拉比努斯无法承受这种打击,他不能在其最钟爱的孩子③身后继续苟且偷生;他独自来到先祖宗庙结束了他自己的生命。这就是最强烈的父爱。还有什么能超过它呢?当他的亲密挚友、一个了不起

---

① 高卢战争(前58—前50),罗马总督恺撒征服高卢的战役。
② 庞培(前106—前46),罗马共和国后期最伟大的政治家之一,也是当时最卓越的将军之一。
③ 指作者的著作。

的雄辩家卡修斯·塞维鲁目睹这场焚书浩劫时喊道:你们倒不如连他一块焚烧掉。因为书中的精华已镌刻在他的心头。

同样的命运降临到克雷默蒂斯·科杜斯身上。他被指控撰写了赞美布鲁图和卡修斯的著作。卑鄙、下贱和无耻的元老院(他们应该摊上一个比提比略①更坏的主子),下令焚烧了他的著作,以示严惩。克雷默蒂斯·科杜斯宁与他的著作共存亡,毅然绝食而死。

善良的卢卡②已近风烛残年,那个无赖尼禄③也没有放过他。为了尽快离开这个世界,医生应卢卡的请求,割开他臂上的静脉,血缓缓流出。渐渐地,他的四肢已不能活动,躯体凉下来了。这时,一首诗——一首写于法萨卢斯战役④的诗文片段,蓦然闯入他脑海,他开始吟诵起来,直到生命的最后一刻。他吟诵的诗文不是别的什么东西,而正是那种父子依依别离的脉脉温情。这种死别前的父子诀别好像是生离前的父子辞别。那种纯然的情感将使我们回味无穷。在这最后的时刻,此情此景难道不是我们一生中最可宝贵的东西吗?

伊壁鸠鲁⑤在弥留之际,忍着肉体的病痛而告慰世人:他遗留给世人的是完美的教义,他可以欣慰地离开人间。我们可以相

---

① 提比略(前42—前37),古代罗马帝国第二代皇帝。
② 卢卡(39—65),西班牙诗人。老塞附之孙,小塞内加之侄,著有《内战记》。
③ 尼禄(37—68),罗马皇帝,曾下令处死自己的母亲和妻子,是罗马史上一个凶残的暴君。
④ 法萨卢斯战役:古罗马内战中的一次决定性战役。恺撒出奇兵,一举战胜庞培。
⑤ 伊壁鸠鲁(前341—前270),古希腊哲学家。

信,倘若他有一个不错的门第和有教养的孩子,他肯定会更加满意,他会像对待自己的珍贵作品一样。倘若伊壁鸠鲁也面临这样一种选择:在其身后,或是留下一个身有残疾而且缺乏教养的孩子;或是留下一部毫无意义而且荒谬绝伦的书,他会像与其一样的那些天才那样,宁肯选择前一种不幸,而断然拒绝后一种不幸。这种说法,似对圣奥古斯丁不恭。倘若他也遇到这类选择:或是埋葬他的著作,而这些著作将会给我们的宗教事业带来极大的裨益;或是埋葬他的孩子,倘若他果真有的话①,他肯定不会选择后者。我无法知道,我与缪斯女神所生的孩子是否比我与妻子所生的孩子更聪明、更完美。

  对于这个孩子,也是如此。我已给予他我所能给予的一切,正如人类为其后代造就了人的躯体一样。我所给予他的就不再由我做主。他可能知道我闻所未闻的事情;他可能为我提供我早已忘怀的往事,倘若需要的话,我可能有求于他,正像我有求于一个陌生人一样。倘若我比他更明智,他就会比我更富有。

  在罗马,诗歌的爱好者引为自豪的是作为《埃涅阿斯纪》的父亲②,相形之下,能作为一个英俊少年的父亲反倒不那么令人骄傲了。对他们说来,失去这首史诗甚至比失去儿子更难以承受。因为诗人,正是他的诗歌的痴情人。这一点亚里士多德早已指出,而且是所有诗人供认不讳的事实。令人难以置信的是:伊巴密浓达③并不以未曾留下任何子孙为憾,相反,他自诩留下了

---

① 奥古斯丁有一私生子。参见其《忏悔录》。
② 指古罗马第一诗人维吉尔,史诗《埃涅阿斯纪》是其代表作。
③ 伊巴密浓达(约前410—前362),希腊政治家、将领。

或许在某一天会给他带来荣誉的女儿（这意味着他赢得了两次打败斯巴达人的胜利）。他的女儿愿意以其美色——整个希腊最光耀夺目的美色——换取战争的胜利。换句话说，亚历山大和恺撒甚至会放弃神圣的战争责任，而希望成为伊巴密浓达的女婿。这或许是颇为机智而完美的。的确，对于菲迪亚斯①或其他雕刻家来说，他们可以按照艺术的要求而倾心竭力地使其雕刻的艺术品日臻完美；但是，这是否意味着，他们也会如此来为保卫其亲子的生命而焦虑呢？对此，我颇感怀疑。至于那些异常怪诞和狂暴的情感，我们有时可以在父亲之于女儿或母亲之于儿子的那种欲望中觅到；在其他方面，也不难发现。正如人们曾经津津乐道的一件逸事，据说皮格马利翁②雕刻了一个绝代美女，他便狂热地爱上了她。上帝终为他的痴情所感动，违心地赋予她以生命。

在他的手指抚摸下，
那洁白的长裙无比温柔。

——奥维德③

方静之　译

---

① 菲迪亚斯，古希腊最杰出的雕刻家。
② 皮格马利翁：据希腊神话说是钟情于阿佛洛狄成女神的一座雕像的塞浦路斯国王。奥维德在《变形记》里创造了一个传说，皮格马利翁创造出一座表现自己理想的女性雕像，然后爱上自己作品。维纳斯女神赋予了雕像以生命。
③ 奥维德（前43—17），古罗马诗人，代表作《变形记》。

论父母与子女

[英] 弗朗西斯·培根

弗朗西斯·培根（Francis Bacon 1561—1626），英国文艺复兴时期著名哲学家、散文家，曾任大法官，晚年隐退，从事研究和著述，重要著作有哲学论著《学术的进展》《新工具》《论事物的本性》、文集《随笔集》和《新大西岛》等。本文选自《随笔集》，是培根的随笔名篇之一。

尽管此文仅有一千字，文中却就父母与子女的关系谈到了许多方面。譬如，父母不要在子女面前表露自己的情绪（当然，是指未成年子女）；子女既是父母的负担，又是父母的希望所在；父母对子女免不了会有所偏爱……不过，全文最大的亮点却是，他说子女中最受父母冷落的孩子，日后往往最有出息；得不到遗产的幼子，"常常会通过自身奋斗获得好的发展"——这一点，似乎已具有现代心理学的意味，而此文，写于四百多年前的 16 世纪。

在子女面前，父母要善于隐藏他们的一切快乐、烦恼与恐惧。他们的快乐无需说，而他们的烦恼与恐惧则不能说。子女使父母的苦恼变甜蜜，但也使他们的不幸更不幸。子女增加了他们生活的负担，但却减轻了他们对于死亡的恐惧。

一切生物都能通过生殖留下后代，但只有人类能通过后代留下美名、事业和德行。为什么有的没有留下后代者却留下了流芳百世的功绩，因为他们虽然未能复制一种肉体，却全力以赴地复制了一种精神。因此，这种无后继的人其实倒是最关心后事的人。创业者对子女的期望最大，因为子女被他们看作不但是族类的继承者，又是所创事业的一部分。

作为父母，特别是母亲，对子女常常会有不合理的偏爱。所罗门曾告诫人们："智慧之子使母亲欢乐，愚昧之子使母亲蒙羞。"① 在家庭中，最大或最小的孩子都可能得到优遇，唯有居中的子女容易受到忘却，但他们往往是最有出息的。

在子女幼小时，不应对他们过于苛吝；否则会使他们变得卑贱，甚至投机取巧，以至堕入下流，即使后来有了财富时也不会正常利用。聪明的父母对子女在管理上是严格的，而在用钱上则不妨略宽松，这常常是好效果的。

作为成年人，绝不应在一家的兄弟之间挑动竞争，以致积隙成仇，使兄弟间直到成年，依然不和。

意大利风俗对子女和侄甥一视同仁，亲密无间，这是很可取的。因为这种风俗很合于自然的血缘关系。许多侄子不是更像他的一位叔伯而不像父亲吗？

在子女还幼小时，父亲就应当考虑他们将来的职业方向并加

---

① 见《旧约·箴言》第10章第1节。

以培养，因为这时他们最易塑造。但在这一点上要注意，并不是孩子小时候喜欢的，就是他们终生所愿从事的。

  如果孩子确实有某种超群之才，那当然应该扶植发展。但就一般情况说，下面这句格言是有用的："长期的训练会通过某种适应化难为易。"还应当注意，子女中那种得不到遗产继承权的幼子，常常会通过自身奋斗获得好的发展，而坐享其成者却很少能成大业。

何新　译

论家庭

[德] 威廉·弗里德里希·黑格尔

威廉·弗里德里希·黑格尔（Wilhelm Friedrich Hegel 1770—1831），德国古典哲学的集大成者，其哲学体系庞大而无所不包，对后世影响深远，重要著作有《精神现象学》《逻辑学》《自然哲学》《历史哲学》《法哲学原理》和《哲学史讲演录》等。本文选自《法哲学原理》，题目系编者所加。

黑格尔的论著大多艰涩难懂，本文当然也不例外。本文共 23 节，每节论述一个"原理"（用宋体排出），每一"原理"后面有一"补充"或"附释"（用仿宋体排出）。第一、第二节是家庭的"总原理"（精神的和物质的）。其后，分三个方面，即（1）"婚姻，即家庭的概念在其直接阶段中所采取的形态"（第 1 节至第 11 节）；（2）"家庭的财产和地产，即外在的定在，以及对这些财产的照料"（第 12 节和第 13 节）；（3）"子女的教育和家庭的解体"（第 14 节至第 23 节），来论述这一"总原理"。也就是说，全文总共有四个部分：第一部分"总原理"的要义是：家庭以"爱为其规定"，即家庭本质上是精神的；只有当家庭解体时，才会产生物质方面（财产、生活费、教育费等）的权利问题。第二部分论述婚姻关系，其要点是对婚姻的定义，即："婚姻是具有法的意义的伦理性的爱"。所谓"伦理性的爱",就是生物学意义上的性爱,这是黑格尔之前的哲学家、尤其是康德所强调的,但黑格尔认为这未免有"粗鲁简单"之嫌,所以他强调"具有法的意义",即认为,婚姻是一种特殊的性爱关系,其特殊性就在于它"具有法的意义",有别于其他形式的性爱关系(其他形式的性爱关系,简单地说,如婚前性交、婚外性交,或卖淫,只具有生物性意义或商业性意义,而不"具有法的意义")。第三部分论述子女的教育和家庭的解体。所谓"子女的教育",包括"教"和"育"两部分("教"是指父母对子女的教导,"育"是指父母对子女的养育,这是父母的责任,也是子女的权利);所谓"家庭的解体",是指父母的死亡或离婚,还有子女成年后另组家庭,也意味着原家庭的"解体"。这里的要点是:黑格尔既认为"由于家庭的解体,个人的任性就获得了自由",同时又强调"这种任性……应当受到严格的限制";总之,要受到法的约束(须知:本文是《法哲学原理》的一部分)。

以上是关于本文的一个大概说明,或许对本文的阅读理解有所帮助。

一

作为精神的直接实体性的家庭,以爱为其规定,而爱是精神对自身统一的感觉。因此,在家庭中,人们的情绪就是意识到自己是在这种统一中(即在自在自为地存在的实质中)的个体性,从而使自己在其中不是一个独立的人,而是成为一个成员。

> 补充(关于爱的概念):所谓爱,一般说来,就是意识到我和另一个人的统一,使我不只为自己而孤立起来;相反,我只有抛弃我独立的存在,并且知道自己是和另一个人

以及另一个人和自己之间的统一,才获得我的自我意识。但爱是感觉,即具有自然形式的伦理。在国家中就不再有这种感觉了,在其中人们所意识到的统一是法律,又在其中内容必然是合乎理性的,而我也必须知道这种内容。爱的第一个环节,就是我不欲成为独立的、孤单的人,我如果是这样的人,就会觉得自己残缺不全。至于第二个环节是,我在另一个人身上找到了自己,即获得了他人对自己的承认,而另一个人反过来对我亦同。因此,爱是一种最不可思议的矛盾,绝非理智所能解决的,因为没有一种东西能比被否定了的、而我却仍应作为肯定的东西而具有的这一种严格的自我意识更为顽强的了。爱制造矛盾并解决矛盾。作为矛盾的解决,爱就是伦理性的统一。

二

个人根据家庭统一体所享有的权利,首先是他在这统一体中的生活,只有在家庭开始解体而原来的家庭成员在情绪上和实际上开始成为独立的人的时候,才以权利(作为特定单一性的抽象环节)的形式出现;从前他们在家庭中以之构成一个特定环节的东西,现在他们分别地只是从外部方面(财产、生活费、教育费等)来接受。

补充(关于家庭和主观性):其实,家庭的权利严格说来在于家庭的实体性应具有定在,因此它是反对外在性和反对退出这一统一体的权利。但是，再说一遍，爱是感觉，是一种主观的东西，对于这种主观的东西，统一无能为力。如果要求统一的话，那只能对按本性说来是外在的而不是决定于感觉的东西提出这种要求。

三

家庭是在以下三个方面完成起来的：

（一）婚姻，即家庭的概念在其直接阶段中所采取的形态；

（二）家庭的财产和地产，即外在的定在，以及对这些财产的照料；

（三）子女的教育和家庭的解体。

婚姻作为直接伦理关系，首先包括自然生活的环节。因为伦理关系是实体性的关系，所以它包括生活的全部，亦即类及其生命过程的现实。但其次，自然性别的统一只是内在的或自在地存在的，正因为如此，它在它的实存中纯粹是外在的统一，这种统一在自我意识中就转变为精神的统一，自我意识的爱。

> 补充（关于婚姻的概念）：婚姻实质上是伦理关系。以前，特别是大多数关于自然法的著述，只是从肉体方面，从婚姻的自然属性方面来看待婚姻，因此，它只被看成一种性的关系，而通向婚姻的其他规定的每一条路，一直都被阻塞着。至于把婚姻理解为仅仅是民事契约，这种在康德那里也能看到的观念，同样是粗鲁的，因为根据这种观念，双方彼

此任意地以个人为订约的对象,婚姻也就降格为按照契约而互相利用的形式。第三种同样应该受到唾弃的观念,认为婚姻仅仅建立在爱的基础上。爱既是感觉,所以在一切方面都容许偶然性,而这正是伦理性的东西所不应采取的形态。所以,应该对婚姻作更精确的规定如下:婚姻是具有法的意义的伦理性的爱。这样就可以消除爱情中一切倏忽即逝的、反复无常的和赤裸裸主观的因素。

四

婚姻的主观出发点在很大程度上可能是缔结这种关系的当事人双方的特殊爱慕,或者由于父母的事先考虑和安排等;婚姻的客观出发点则是当事人双方自愿同意组成为一个人,同意为那个统一体而抛弃自己自然的和单个的人格。在这一意义上,这种统一乃是作茧自缚,其实这正是他们的解放,因为他们在其中获得了自己实体性的自我意识。

附释:因此,我们的客观使命和伦理上的义务就在于缔结婚姻。婚姻的外在出发点的性质,按事件本性说来,总是偶然的,而且特别以反思的发展水平为转移的。这里有两个极端,其中一个是,好心肠的父母为他们作好安排,作了一个开端,然后已被指定在彼此相爱中结合的人,由于他们知道自己的命运,相互熟悉起来,而产生了爱慕。另一个极端则是爱慕首先在当事人即在这两个无限特异化的人的心中出现。

五

可以认为，以上第一个极端是一条更合乎伦理的道路，因为在这条道路上，结婚的决断发生在先，而爱慕产生在后，因而在实际结婚中，决断和爱慕这两个方面就合而为一。

在上述第二个极端中，无限特殊的独特性依照现代世界的主观原则提出了自己的要求。

但是在以性爱为主题的现代剧本和各种文艺作品中，可以见到彻骨严寒的原质被放到所描述的激情热流中去，因为它们把激情完全同偶然性结合起来，并且把作品的全部兴趣表述为似乎只是依存于这些个人；这对这些个人说来可能是无限重要，但就其本身说来完全不是这么一回事。

> 补充（关于婚姻和爱慕）：在不太尊重女性的那些民族中，父母从不征询子女的意见而任意安排他们的婚事。他们也听从安排，因为感觉的特殊性还没有提出任何要求。从少女看来，问题只是嫁个丈夫，从男子看来只是娶个妻子。在其他一些情况下，对财产、门第、政治目的等考虑可能成为决定性因素。这里，由于把婚姻当作图谋其他目的的手段，所以可能发生巨大困难。相反，在现代，主观的出发点即恋爱被看作唯一重要因素。大家都理会到必须等待，以俟时机的到来，并且每个人只能把他的爱情用在一个特定人身上。

六

婚姻的伦理方面在于双方意识到这个统一是实体性的目的，从而也就在于恩爱、信任和个人整个实存的共同性。在这种情绪和现实中，本性冲动降为自然环节的方式，这个自然环节一旦得到满足就会消灭。至于精神的纽带则被提升为它作为实体性的东西应有的合法地位，从而超脱了激情和一时特殊偏好等的偶然性，其本身也就成为不可解散的了。

附释：上面已经指出，就其实质基础而言，婚姻不是契约关系，因为婚姻恰恰是这样的东西，即它从契约的观点、从当事人在他们单一性中是独立的人格这一观点出发来扬弃这个观点。由于双方人格的同一化，家庭成为一个人，而其成员则成为偶性（实质上，实体乃是偶性同实体本身的关系）。这种同一化就是伦理的精神。这种伦理的精神本身，被剥去了表现在它的定在中即在这些个人和利益（这些利益受到时间和许多其他因素的规定）中的各色各样的外观，就浮现出供人想象的形态，并且曾经作为家神等而受到崇敬。这种伦理的精神一般就是婚姻和家庭的宗教性即家礼之所在。再进一步的抽象化就在于把神或实体性的东西同它的定在相分离，连同对精神统一的感觉和意识，一并固定起来，这就是人们误谬地所谓"纯洁"的爱。这种分离是和僧侣观点相通的，因为僧侣观点把自然生活环节规定为纯粹否定的东西；正由于它建立了这种分离，所以就赋予自然生活环节本身以无限重要性。

补充（关于婚姻的神圣）：婚姻和蓄妾不同。蓄妾主要是满足自然冲动，而这在婚姻却是次要的。因此，在婚姻中提到性的事件，不会脸红害臊，而在非婚姻关系中就会引起羞怯。根据同样原因，婚姻本身应视为不能离异的，因为婚姻的目的是伦理性的，它是那样的崇高，以致其他一切都对它显得无能为力，而且都受它支配。婚姻不应该被激情所破坏，因为激情是服从它的。但是婚姻仅仅就其概念说是不能离异的，其实正如基督所说的：只是"为了你的铁石心肠"（《新约全书·马太福音》，19:8），离婚才被认许。因为婚姻含有感觉的环节，所以它不是绝对的，而是不稳定的，且其自身就含有离异的可能性。但是立法必须尽量使这一离异可能性难以实现，以维护伦理的法来反对任性。

七

契约的订定本身就包含着所有权的真实移转在内，同样，庄严地宣布同意建立婚姻这一伦理性的结合以及家庭和自治团体（教会在这方面参加进来是另一规定，不在本书论列之内）对它相应的承认和认可，构成了正式结婚和婚姻的现实。只有举行了这种仪式之后，夫妇的结合在伦理上才告成立，因为在举行仪式时所使用的符号，即语言，是精神的东西中最富于精神的定在，从而使实体性的东西得以完成。其结果，感性的、属于自然生活的环节，就作为一种属于伦理结合的外部定在的后果和偶性，而被设定在它的伦理关系中，至于伦理结合则完全在于互爱互助。

附释：如果有人问，什么才应该是婚姻的主要目的，以便据以制订或评断法规，那么，这一问题应该了解为：婚姻现实的各个方面，哪一方面应该被认为最本质的？其实任何一个方面单独说来都不构成自在自为地存在的内容（即伦理性的东西）的全部范围。实存的婚姻可能在这一方面或那一方面有所欠缺，而仍无害于婚姻的本质。

八

缔结婚姻本身即婚礼把这种结合的本质明示和确认为一种伦理性的东西，凌驾于感觉和特殊倾向等偶然的东西之上。如果这种婚礼只是当做外在的仪式和单纯的所谓民事命令，那么这种结婚就没有其他意义，而似乎只是为了建立和认证民事关系，或者它根本就是一种民事命令或教会命令的赤裸裸的任意。这种命令不仅对婚姻的本性说无足轻重，而且还辱没了爱的情感，并作为一种异物而破坏这种结合的真挚性，因为，由于命令之故，心情就赋予这种结婚仪式以意义，并把它看作全心全意彼此委身的先决条件。这种意见妄以为自己提供了爱的自由、真挚和完美的最高概念，其实它倒反否认了爱的伦理性，否认了较高的方面，即克制和压抑着单纯自然冲动的那一方面，这种克制和压抑早已天然地蕴含在羞怯中,并由于意识达到更多的精神上规定而上升为贞洁和端庄。更确切些说,这种意见排斥了婚姻的伦理规定,这种伦理性的规定在于,当事人的意识从它的自然性和主观性中结晶为对实体物的思想,它不再一直保留着爱慕的偶然性和任性,而是使婚姻的结合摆脱这种任性的领域,使自己在受家神约束中服从实体性的东西。它贬低感性环节,使其受真实的和伦理的婚姻关系的制约、受承认婚姻结合为伦理性的结合的制约。

只有厚颜无耻和支持这种无耻的理智才不能领会实体性的关系的思辨本性,但是伦理上纯洁的心情以及基督教民族的立法莫不与这种思辨本性相适应的。

补充(关于"自由"恋爱):弗里德里希·封·施雷格尔在所著《卢辛德》一书中和它的一个信徒在《一个匿名者的信札》(卢卑克和莱比锡,1800年版)中,提出了一种见解,认为结婚仪式是多余的,是一种形式,可以把它抛弃,因为爱才是实体性的东西,甚至爱由于隆重的仪式会丧失它的价值。他们认为感性地委身于对方对证明爱的自由和真挚说来是必要的。这种论据对诱奸者说来原不生疏。就男女关系而论,必须指出,女子委身事人就丧失了她的贞操;其在男子则不然,因为他在家庭之外有另一个伦理活动范围。女子的归宿本质上在于结婚。因此,所要求于她的是:她的爱应采取婚姻的形态,同时爱的各种不同环节应达到他们彼此间真正合乎理性的关系。

九

两性的自然规定性通过它们的合理性而获得了理智的和伦理的意义。这种意义为差别所规定，作为概念的那种伦理性的实体性在它本身中分为这种差别，以便从中获得它作为具体统一的生命力。

因此，一种性别是精神而自身分为自为的个人的独立性和对自由普遍性的知识和意志，也就是说分为思辨的思想的那自我意识和对客观的最终目的的希求。另一种性别是保持在统一中的精神，它是采取具体单一性和感觉的形式的那种对实体性的东西的认识和希求。在对外关系中，前一种性别是有力的和主动的，后一种是被动的和主观的。因此，男子的现实的实体性的生活是在国家、在科学等中，否则就在对外界和对他自己所进行的斗争和劳动中，所以他只有从他的分解中争取同自身的独立统一，在家庭中他具有对这个统一的安静的直观，并过着感觉的主观的伦理生活。至于女子，则在家庭中获得她的实体性的规定，她的伦理性的情绪就在于守家礼。

附释：因此，一部非常推崇家规的戏剧，即索福克勒斯①的《安提戈涅》，说明家规主要是针对女性的法律；它是感觉的主观的实体性的法律，即尚未完全达到现实的内部

---

① 索福克勒斯（前496—前406），古希腊悲剧作家。——译注

生活的法律；它是古代的神即冥国鬼神的法律；它是"永恒的法律，谁也不知道它是什么时候出现的"；这种法律是同公共的国家的法律相对立的。这种对立是最高的伦理性的对立，从而也是最高的、悲剧性的对立；该剧本是用女性和男性把这种对立予以个别化。

补充（关于女性的教养）：女性当然可以教养得很好，但是她们天生不配研究较高深的科学、哲学和从事某些艺术创作，这些都要求一种普遍的东西。女性可能是聪明伶俐、风趣盎然、仪态万方的，但是她们不能达到优美理想的境界。男女的区别正像动物与植物的区别：动物近乎男子的性格，而植物则近乎女子的性格，因为她们的舒展比较安静，且其舒展是以模糊的感觉上的一致为原则的。如果女性领导政府，国家将陷于危殆，因为她们不是按普遍物的要求而是按偶然的偏好和意见行事的。女性——不知怎么回事——仿佛是通过表象的气氛而受到教育，她们在很大程度上是通过实际生活而不是通过获得知识而受到教育的。至于男子则唯有通过思想上的成就和很多技术上的努力，才能达到他的地位。

十

婚姻本质上是一夫一妻制，因为置身在这个关系中并委身于这个关系的，乃是人格，是直接的排他的单一性。因此，只有从这种人格全心全意的相互委身中，才能产生婚姻关系的真理性和真挚性（实体性的主观形式）。人格如果要达到在他物中意识到他自己的权利，那就必须他物在这同一中是一个人即原子式的单一性，才有可能。

> 附释：婚姻，也就是按本质说一夫一妻制，是任何一个共同体的伦理生活所依据的绝对原则之一。因此，婚姻制度被称为神的或英雄的建国事业中的环节之一。

十一

其次，婚姻是由于本身无限独特的这两性人格的自由委身而产生的，所以在属于同一血统、彼此熟知和十分亲密的这一范围内的人，不宜通婚。在这一范围内，个人相对之间不具有自身独特的人格。因此婚姻必须相反地在疏远的家庭间和异宗的人格间缔结。血亲间通婚是违背婚姻的概念的，从而违背真实的自然的感觉的，因为按照婚姻的概念，婚姻是自由的、伦理性的行动，而不是建立在直接天性及其冲动上的结合。

> 附释：人们有时认为婚姻本身不是建立在自然法上，而光是建立在性的本能冲动上，并且还把它看作任意缔结的契约。人们有时甚至根据男女人口比数的物质关系来替一夫一妻制找外在的根据，有人还提出幽暗的感情作为禁止血亲通婚的理由。以上这些见解都是以自然状态和法的自然性那种普通观念为根据，而缺乏合理性和自由的概念的。

补充（关于血亲通婚）：首先，血亲之间通婚已为羞耻之心所不容，但是嫌弃这种通婚在事物的概念中就得到了论证。就是说，已经结合起来的，不可能通过婚姻而初次结合起来。单从自然关系的方面来看，大家都知道，属于同族动物之间交配而产生的小动物比较弱，因此应予结合的东西，必须首先是分离的。生殖力好比精神力，所以获得再生的对立愈是显明，它就愈强大。亲密、相识和共同活动的习惯都不应该在结婚以前存在，而应该初次在婚姻关系中发生，这种发展，其内容愈丰富，方面愈多，其价值也愈大。

十二

家庭作为人格来说，在所有物中具有它的外在实在性。它只有在采取财富形式的所有物中才具有它的实体性人格的定在。

家庭财富——家庭不但拥有所有物，而且作为普遍的和持续的人格它还需要设置持久的和稳定的产业，即财富。这里，在抽象所有物中单单一个人的特殊需要这一任性环节以及欲望的自私心，就转变为对一种共同体的关怀和增益，就是说转变为一种伦理性的东西。

附释：在关于国家创立或至少关于文明社会生活创立的传说中，实施固定的所有制是同实施婚姻制度相联系的。至于上述家庭财富的性质如何，用哪种适当方式来巩固它，这类问题将在市民社会一章中予以解答。

十三

家庭作为法律上的人格,在对他人的关系上,以身为家长的男子为代表。此外,男子主要是出外谋生,关心家庭需要,以及支配和管理家庭财产。这是共同所有物,所以家庭的任何一个成员都没有特殊所有物,而只对于共有物享有权利。但是这种权利可能同家长的支配权发生冲突,这是因为在家庭中伦理性的情绪还在直接的阶段,于是不免于分歧和偶然性之弊。

通过婚姻而组成新的家庭,这个家庭对它所由来的宗族和家族来说,是一个自为的独立体。它同这些宗族和家族的联系是以自然血统为基础的,但是它本身是以伦理性的爱为基础的。因此,个人所有物同他的婚姻关系有本质上联系,而同他的宗族或家族的联系则较为疏远。

附释:对夫妻共同财产加以限制的婚姻协定,以及继续给予女方以法律上辅助等的安排,只有在婚姻关系由于自然的死亡和离婚等原因而消灭的情况下,才有意义。这些都是保障性的措施,以保证在这种情况下家庭成员各从共有物中取得其应有部分。

补充(关于家族和家庭):许多立法把更大规模的家庭固定下来,并把这种家庭看作是本质上的结合;至于另一种结合,即各个特别家庭的结合,则相反地显得比较次要。例如在古代罗马法中,在非严格的婚姻关系中的女方,同她的亲族的关系比同她的儿女和丈夫的关系还要密切。又在封建法时代，为了维持"家族荣耀"（splendor familiae）①，于是有必要仅把男性算作家庭成员，并以整个大家族为主，至于新成立的小家庭同大家族相比则显得非常渺小。尽管如此，各个新家庭比之疏远的血亲关系是更本质的东西。夫妇与子女组成真正的核心，以与在某种意义上亦称为"家庭"的东西相对抗。因此，个人的财产关系同婚姻之间的联系必然要比它同疏远的血亲关系之间的联系更为重要。

十四

子女教育和家庭解体——在实体上，婚姻的统一只是属于真挚和情绪方面的，但在实存上它分为两个主体。在子女身上这种统一本身才成为自为地存在的实存和对象；父母把这种对象即子女，作为他们的爱、他们的实体性的定在而加以爱护。从自然的观点看来，作为父母而直接存在的人这一前提，在这里变成了结果。这是一个世世代代无穷进展的历程，每一代产生下一代而又以前一代为前提。这就是家神的简单精神在有限自然界中作为类而显示它存在的一种方式。

  补充（关于父母之爱）：在夫妇之间爱的关系还不是客观的，因为他们的感觉虽然是他们的实体性的统一，但是这

---

① 括号内是拉丁文。下同。——译注

种统一还没有客观性。这种客观性父母只有在他们的子女身上才能获得，他们在子女身上才见到他们结合的整体。在子女身上，母亲爱她的丈夫，而父亲爱他的妻子，双方都在子女身上见到了他们的爱客观化了。在财产中，统一只是体现在外在物中，至于在子女身上，它体现在精神的东西中，在其中父母相互恩爱，而子女则得到父母的爱。

十五

子女有被抚养和受教育的权利，其费用由家庭共同财产来负担。父母有要求子女为自己服务——姑且说是服务——的权利，但仅以一般性的照顾家庭为基础，并以此为限。同样，父母矫正子女任性的权利，也是受到教训和教育子女这一目的所规定的。惩罚的目的不是为了公正本身，而是带有主观的、道德的性质，就是说，对还在受本性迷乱的自由予以警戒，并把普遍物陶铸到他们的意识和意志中去。

补充（关于子女教育）：应该怎样做人，靠本能是不行的，而必须努力。子女受教育的权利就是以这一点为根据的。在家长制政体下的人民亦同，他们受到公库的给养，而不视为独立的人和成年人。因此，所要求于子女的服务，只能具有教育的目的，并与教育有关。这些服务不应以自身为目的，因为把子女当作奴隶，一般说来，是最不合乎伦理的。教育的一个主要环节是纪律，它的含义就在于破除子女的自我意志，以清除纯粹感性的和本性的东西。不得以为这里单靠善就够了，其实直接意志正是根据直接的恣性任意，而不是根据理由和观念行动的。如果对子女提出理由，那就等于听凭他们决定是否要接受这些理由，这样一来，一切都以他们的偏好为依据了。由于父母构成普遍的和本质的东西，所以子女需要服从父母。如果不培养子女的服从感——这种服从感使他们产生长大成人的渴望——他们就会变成唐突孟浪、傲慢无礼。

十六

  子女是自在地、自由的，而他们的生命则是仅仅体现这种自由的直接定在。因此他们不是物体，既不属于别人，也不属于父母。从家庭关系说，对他们所施教育的肯定的目的在于，灌输伦理原则，而这些原则是采取直接的、还没有对立面的感觉的那种形式的，这样，他们的心情就有了伦理生活的基础，而在爱、信任和服从中度过它的生活的第一个阶段。又从同一关系说，这种教育还具有否定的目的，就是说，使子女超脱原来所处的自然直接性，而达到独立性和自由的人格，从而达到脱离家庭的自然统一体的能力。

  附释：古罗马时代，子女处于奴隶地位，这是罗马立法的一大污点。伦理在其最内部和最娇嫩的生命中所受的这种侮辱，是了解罗马人在世界历史上的地位以及他们的法律形式主义倾向的一个最重要关键。

十七

幼儿之所以感到有受教育的必要,乃是出于他们对自己现状不满的感觉,也就是出于他们要进入所想往的较高阶段,即成年人世界的冲动和出于他们长大成人的欲望。游戏论的教育学认为稚气本身就具有自在的价值,于是就把稚气给予幼儿,并把认真的事物和教育本身在幼儿面前都降为稚气的形式,但这种形式就连幼儿自己也认为不很高明。这种教育学乃是把自己感到还处在没有成熟的状态中的幼儿,设想为已经成熟,并力求使他们满足于这种状态。但是这样一来,它破坏了、玷辱了他们对更好东西的真实的、自发的要求。它一方面使幼儿对精神世界实体性的关系漠不关心和麻木不仁;另一方面使他们轻视人,因为人自己对幼儿表现得像幼儿那样稚气可鄙,最后,使他们产生自以为高明的那种虚无心和自负。

补充(关于幼儿的感觉):作为一个孩子,人必然有一个时期处于为父母的爱和信任的环境中,而理性的东西也必然在他身上表现为他自己特有的主观性。在他幼年时代,母亲的教育尤其重要,因为伦理必须作为一种感觉在幼儿心灵中培植起来。必须指出,总的说来,子女之爱父母不及父母之爱子女,这是因为子女正迎着独立自主前进,并日益壮大起来,于是会把父母丢在后面;至于父母则在子女身上获得了他们结合的客观体现。

十八

由于婚姻只是一种直接的伦理理念,所以它是在真挚的主观情绪和感觉中获得了它的客观现实。它的实存的最初偶然性也就在这里。强迫结婚既然很少可能发生,同时,当两个主体的情绪和行动变得水火不容时,也很少可能有单纯法的积极的纽带来硬把他联系在一起。于是遂要求第三个伦理性的权威来维持婚姻(伦理的实体性)的法,以对抗出于这种敌对情绪的单纯的意见,以对抗只是一时脾气的偶然性,如此等等。这种权威把上述各种情形同完全隔阂相区别,只有在确证完全隔阂的情况下才准离婚。

> 补充(关于离婚):因为婚姻所依存的只是主观的、偶然性的感觉,所以它是可以离异的。相反,国家是不容分裂的,因为国家所依存的乃是法律。诚然,婚姻应该是不可离异的,但我们也只是说"应该"而已。又因为婚姻是伦理性的东西,所以离婚不能听凭任性来决定,而只能通过伦理性的权威来决定,不论是教堂或法院都好。如果好比由于通奸而发生了完全隔阂,那么宗教的权威也必须准其离婚。

十九

家庭的伦理上解体在于,子女经教养而成为自由的人格,被承认为成年人,即具有法律人格,并有能力拥有自己的自由财产和组成自己的家庭。儿子成为家长,女儿成为妻子,从此他们在这一新家庭中具有他们实体性的使命。同这一家庭相比,仅仅构成始基和出发点的第一个家庭就退居次要地位,更不必说宗族了,因为它是一种抽象的,是没有任何权利的。

由于父母特别是父母的死亡所引起家庭的自然解体,就财产来说,发生继承的后果。这种继承按其本质就是对自在的共同财产进行独特的占有。这种占有是在有远房亲属以及在市民社会中个人和家庭各自独立分散的情况下进行的;因此,由于家庭的统一感越来越淡薄,又由于每一次婚姻放弃了以前的家庭关系而组成了新的独立的家庭,这种财产移转也就越来越不确定。

附释:有这样的想法:继承的基础乃是由于死亡而财产成为无主之物,作为无主之物,它便归首先占有者所有,而取得占有的多半是亲属,因为他们通常是死者最接近的人。于是为了维持秩序,这种经常发生的偶然事件就通过实定法而上升为规则。殊不知这种想法忽视了家庭关系的本性。

二十

由于家庭的解体,个人的任性就获得了自由。一方面,他愈加按照单一性的偏好、意见和目的来使用他的全部财产;另一方面,他把周围一批朋友和熟人等看成是他的家人,并在遗嘱中如此声明,使之发生继承的法律效果。

附释：以意志做这样一种财产处理似乎是以这样一批人的组成为其伦理根据。但在组成时有很多的偶然性、任性、追求自私目的的企图等因素在起作用——尤其是因为这种组成与立遗嘱有关——致使伦理环节变成某种非常模糊的东西。承认有权任意订立遗嘱，很容易造成伦理关系的破坏，并引起卑鄙的钻营和同样卑鄙的顺从。这种承认更使愚昧任性和奸诈狡猾获得机会和权能，把立遗嘱人死亡后（那时财产已非为他所有）生效的虚荣的和专横而困扰的条件，同所谓善举和馈赠结合起来。

二十一

家庭成员成为独立的法律上人格这一原则，使在家庭范围内部出现了一种任性以及在自然继承人中间的差别。然而这种任性与差别应当受到严格的限制，以免破坏家庭的基本关系。

附释：不能把死亡者赤裸裸的直接任性建立为立遗嘱权的原则，尤其如果这种任性违反了家庭的实体性的法。其实，主要是家庭对已死家庭成员的爱与崇敬，才使它在他死后还重视他的任性。这种任性本身不包含任何比家庭法更值得尊重的东西，恰恰相反。又有人认为最后意志的处分之所以有效，就在于别人对它任意承认。这样一种有效性，只有在家庭关系（遗嘱处分是它所固有的）变得更加疏远而无效时，才能被认许。如果这种家庭关系实际上存在而又无效的话，那是不合乎伦理的。扩大上述任性的有效性以对抗家庭关系，就等于削弱后者的伦理性。

二十二

把家庭内部的这种任性确立为继承的主要原则，乃是罗马法的残酷性和不合伦理性的一部分，上已述及。根据罗马法，父亲可以把儿子出卖，如果儿子被人释放而获得自由，他又重新处在父权之下。只有在他第三次从奴役中被释放而获得自由之后，他才算是实际上自由的人。又根据罗马法，一般说来，儿子不能依法成为成年人，也没有法律上人格，他只能占有"战利品"（peoulium castrense）作为他的所有物。如果他经过三次被卖、三次获释而脱离了父权之后，这时如无遗嘱规定，他就不能同其他依旧处于父权下的一些人一同继承。同样，妻子如果不是"处于作为奴隶关系的婚姻关系中"（in manum conveniret, in manoipio esset），而是作为"主妇"（matrona）的话，她就不是新家庭的成员，然而这一家庭她正是通过结婚而协作建立起来的，而且现在实际上是她的家。但她依然属于她出生的那个家庭。因此，她被排除于实际上是她的家庭的财产继承之外，而这个家庭也不继承妻子和母亲的财产。

随后，由于对合理性的感情的增长，审判上规避这些或那些法律中不合伦理性的部分而不予采用。例如，审判时借助"资产占有"（bonorum possessio）一词来代替"继承"（hereditas）——市民法上的继承称为"hereditas"，裁判官法上的继承则称为

"bonorum possessio"；或者，设法把"女儿"（filia）改称为"儿子"（filius）。前面已经指出，这一点对裁判官说来是一种悲惨的必然性，因为他必须用机巧的手段，把理性的东西偷运进去，来对抗坏的法律，或至少对抗它们所产生的某些后果。各种最重要制度的极端不稳定性，以及为了防止这些法律所产生的恶果而进行杂乱的立法工作，都是与这种情况有联系的。

在罗马人立遗嘱时这种任性的权力引起了哪些不合乎伦理的后果，从历史中、在卢西安和其他人的描写中可以充分看到。

婚姻是在直接阶段中的伦理，依据它的本质，它必然是实体性的关系、自然的偶然性和内部任性的混合体。如果现在由于子女的奴隶地位，由于上述其他种种法律规定并与之相关联的规定，又完全由于罗马人离婚并不困难，于是任性被赋予优越的地位，以对抗实体性的法。所以，这就等于替败坏风尚铺平一条合法的道路，或更正确些说，法律成了败坏风尚的必要条件。

制定继承法而用信托遗赠或指定后备继承人的办法来保持家庭或门楣光辉，不论是排除女儿而只让儿子继承，或排除其他子女而只让长子继承都好，或者一般地使继承人之间受到不平等的待遇也好，总之，这种制度一方面破坏了财产自由的原则；另一方面，它是以绝对无权获得承认的一种任性为基础的，或更正确些说，是以希望维持这一宗族或家族而不是这一家庭这种思想为基础的。但是，不是这一家族或宗族而是家庭本身才是理念，而有权获得承认。伦理的形态将由于财产自由与平等继承权而得到维持，因为家庭不会由于相反的情形而得到维持的。

这些制度，好比罗马那样的制度，一般都误解了婚姻法。婚姻的目的完全在于组成一个独特的现实的家庭。和这种家庭相比，一般所谓的家庭——"家系"（stirps）或"氏族"（gens）——只是一个抽象概念；由于世代相隔，它愈来愈生疏，愈来愈不现实。爱是婚姻的伦理性的环节，作为爱，它是一种感觉，它的对象是现实的当前的人，而不是一种抽象概念。

但在更高政治领域中出现的长子世袭权连同不可让与的宗族财产，却不是一种任性，而是从国家理念中产生出来的必然结果。

补充（关于遗嘱）：在罗马早期，父亲可以剥夺其子女的继承权，如同他可以把他们杀死一样。后来，他再不许这样做了。人们总想把不合乎伦理的东西同它的伦理化之间的这种不彻底性建成一种体系。坚持这种不彻底性就是德国继承法所以是烦难和错误的原因。立遗嘱当然是容许的，但是我们的观点应该是，这种任性的权利必须随着家庭成员的分散和疏远而产生或扩大；其次，用遗嘱造成的所谓友谊家庭，只有在缺乏婚姻所组成的较亲近的家庭和缺乏子女时，才能成立。遗嘱一般是跟那些令人生厌和惹人不快的事联系着的，因为在遗嘱中我总是宣布哪些人是我所宠爱的。然而宠爱是任性的，它可用这种或那种不光彩的手法获得，也可能同这种或那种愚蠢的理由相联结，此外，被指定为继承人的人可能因此被要求去做最卑鄙龌龊的事。在英国，异想天开的事屡见不鲜，而与遗嘱相关的愚蠢想法更是层出不穷。

二十三

从家庭向市民社会的过渡——家庭自然而然地和本质地通过人格的原则分成多数家庭,这些家庭一般都以独立的具体的人自居,因而相互见外地对待着。换句话说,由于家庭还是在它的概念中的伦理理念,所以结合在家庭的统一中的各个环节必须从概念中分离出来而成为独立的实在性。这就是差别的阶段。首先抽象地说,这种情况提供特殊性的规定,诚然这种特殊性与普遍性有关,不过普遍性是基础,尽管还只是内部的基础;因此,普遍性只是在作为它的形式的特殊性中假象地映现出来。所以,这种反思关系首先显示为伦理的丧失,换句话说,由于伦理作为本质必然假象地映现出来,所以这一反思关系就构成了伦理性的东西的现象界,即市民社会。

附释:家庭的扩大,作为它向另一个原则的过渡,在实存中,有时是家庭的平静扩大而成为民众,即民族,所以民族是出于共同的自然渊源的,有时分散的家庭团体通过霸道者的暴力或出于自愿而集合在一起,自愿结合是由于相互需要和相互满足这些需要所引起的。

补充(关于作为特殊性领域的社会):这里,普遍性是以特殊性的独立性为出发点,从这一观点看,伦理看来是丧失了,因为对意识说来,最初的东西、神的东西和义务的渊源,正是家庭的同一性。但是,现在却出现了这样的关系,即特殊物对我说来应当成为最初规定者,从而伦理性的规定也就被扬弃了。其实,这不过是我的错误,因为在我相信,坚持着特殊物的时候,联系的必然性和普遍物依旧是最初的和本质的东西。所以我终究还是在假象的阶段上,并且当我的特殊性对我说来还是规定者,即还是目的的时候,我也正因此而为普遍性服务,正是这种普遍性归根结底支配着我。

范扬　张企泰　译

对家庭的责任

[意大利] 朱塞佩·马志尼

朱塞佩·马志尼（Giuseppe Mazzini 1805—1872），意大利作家、政治家、意大利统一运动领袖，被誉为"意大利独立之父"，重要著作有《致意大利青年》和《论人的责任》等。此处辑录的是《论人的责任》的第六章，题目系原书所有。

此书的风格很特别，自始至终都是作者对读者的喊话，而读者——即文中的"你们"或"我的弟兄们"——显然，是指男人；也就是说，此书是写给男人看的（当然，女人要看也未尝不可），所谓"论人的责任"，其实是论男人的责任。那么，对家庭，男人应负有怎样的责任呢？很简单，家庭既然是由男人和女人组成的，男人对家庭的责任，首先就是男人对女人的责任。其次，男人和女人组成家庭，势必会有孩子，因而男人对孩子也负有责任。那么，是怎样的责任呢？首先，"要清除你们内心对女人的一切优越感"，不要再伤害女人；其次，不要把你们的孩子"引入在生活上追求享乐和贪得无厌的歧途"，而要教育他们"把人生看作责任和使命"。这就是男人对家庭应负的责任。

诚然，马志尼这么说的时候，意大利正处于混乱之中。然而，时至今日，男人对家庭全都认真负责了吗？看来远远没有。或者说，如今的男人，不用多说，全都会自动对家庭负起责任来吗？看来不大可能。所以，尽管此文读起来像是"说教"，但却远远没有过时，也不大可能过时。

家庭是情感之国。家里有位天使，她用温柔、亲切和爱的神秘影响使人履行责任时减轻疲劳、减少忧伤。由于有了这位天使，唯一能摆脱人间悲哀的纯粹欢乐是家庭的欢乐。由于环境险恶，无法在这位天使的羽翼下过宁静家庭生活的人，有一层忧郁的阴影笼罩着他的心灵，心中的空虚无从填补。我这个为你们写下这些语句的人，是了解个中内情的。啊！你们这些享受家庭欢乐和安慰的人，要感谢创造这位天使的上帝。

不要以为你们能在别处找到更热烈的欢乐，或能为你们的悲伤找到更及时的安慰，因而轻视家庭的欢乐和慰藉。家庭包含一种在其他任何地方难以找到的幸福因素，即恒久性。家庭的种种情感缓缓地缠绕着你们，它们虽不被人所注目，但强烈而持久，就好像常春藤缠绕着树木一样。它们时刻尾随着你们，不声不响地与你们的生活融为一体。你们往往觉察不到这些情感，因为它们是你们自身的一部分；但是一旦你们失去它们，你们就会感到丧失了某种无法确切表达，然而又是与你们的生存密切相关和必不可少的东西。你们不停地徘徊着，心神不宁。你们也许还能找到短暂的欢乐或安慰，但找不到最大的安慰，找不到宁静，那种像湖面上涟漪般的宁静，像孩子躺在母亲怀里无忧无虑地酣睡似的宁静。

家庭的天使是女人。不管是母亲、妻子还是姐妹，女人是生活中的爱抚因素，是慰藉劳累的柔情蜜意，对个人来说，是慈祥地注视着人类的上帝的反映。在她身上充满着足以减轻一切痛苦的慰勉柔情。此外，对于我们每个人来说，她是未来的引导者。母亲的第一次亲吻使孩子懂得了爱；他所爱的女人的第一次神圣亲吻使男人懂得了人生的希望和信心。

　　爱情和信心产生一种追求至善的欲望和逐步达到至善的力量；总之，爱情和信心创造未来，其活生生的标志是把我们同子孙后代联系起来的孩子。通过女人，家庭以其非凡神秘的繁衍能力指向永恒。

　　啊！我的弟兄们，要使家庭永葆神圣的性质，要把它看作人生的不可分割的条件，要挫败那些深受虚妄和荒谬人生观影响的人可能对它的攻击，还要挫败那些往往把家庭看作产生自私心理和等级观念的温床的轻率思想家的攻击，因为他们勃然大怒，像野蛮人那样认为消除家庭罪恶的唯一办法是摧毁家庭。

　　家庭是关于上帝而不是关于人的概念。人类的任何力量是消灭不了家庭的。家庭像国家一样，又远胜过国家，是人生的一个因素。

　　我说，家庭远远胜过国家。国家今天显得很神圣，但将来说不定哪一天，当每个人在自己的良心里反映出人类的道德规范时，它就会消失；但是只要人类继续存在，家庭也将永远存在下去。它是人类的摇篮。像人生的每个因素那样，它必须向进步敞开大门，它的意向和抱负必须一代胜过一代；但是谁也遏制不了它。

要使家庭越来越圣洁,并使它和国家的关系越来越密切;这是你们的使命。家庭与国家的关系必须像国家与人类的关系那样。我已经告诉过你们,国家的任务是教育人们;纵然如此,家庭的任务仍然是要教育公民;家庭和国家是同一线上的两个极点。如果情况不是这样,家庭就将陷入利己主义的泥坑;它越荒谬和令人厌恶,就越背离它的真正目的,从而玷污最神圣的东西,即爱心。

目前,利己主义由于受环境的影响在家庭中过于频繁和严重地起着主宰作用。它是腐朽的社会体制的产物。在一个靠密探、警察、监狱和绞刑架支持的社会里,可怜的母亲为其儿子的每一个高尚愿望担惊受怕,被迫教育儿子心存戒惧。她说:当心!对你谈论国家、谈论自由、谈论未来、想和你紧紧拥抱的人,也许恰恰是个奸细。在一个美德会招致危险、财富是取得权力和安全以及抵御迫害和专横的唯一基础的社会里,爱心迫使父亲对追求真理的年轻人说:当心!你的安全离不开财富,单靠真理躲不开别人的权势和腐败。但是我现在要对你们讲的是这样一个时代:那时你们将用血汗为子孙建起一个由自由人组成的、以人人为其同胞广施美德和善行为基础的国家。到那个时候,千真万确的是,你们面前只有一条前进的道路可走,只有一项崇高的责任需要履行,那就是:投身到集体中去锻炼自己,选择适当的时机揭竿而起,进行战斗并赢得你们的意大利。只有到那个时候你们才能克服一道道严重的障碍去履行你们其他的责任。然后,当我可能已长眠于九泉之下时,你们将重读我写下的这些篇章,其中为数不多的友好忠言发自热爱你们的一颗心,是用真诚和信念写成的。

要热爱和尊敬女人。不要只在她们身上寻求安慰，而是还要寻求力量、激励以及你们智能和道德品质的成倍增加。要清除你们内心对女人的一切优越感，你们丝毫没有比她优越的地方。不平等的教育和种种法律的长期压迫所造成的世世代代的偏见，已经产生了那种显而易见的智能低劣，而你们今天却利用这一点作为维护压迫的论据。可是，充满压迫的历史难道没有告诉你们，那些压迫者总是依靠他们自己制造的事实来说明他们有理可据吗？封建阶级几乎直到我们这个时代还不让你们这些人民的儿子享受教育，然后根据你们缺乏教育这一点以往得出了并且现在仍然得出种种理由，不许你们进入城市的神殿，不许你们涉足制定法律的地方，剥夺你们为完成你们的社会使命而行使的表决权。美国黑人的主人声称，这个种族十分低劣，不堪造就，而且还迫害那些要教育这个种族的人。半个世纪以来，掌权家族的维护者们硬说我们意大利人不配享受自由，同时还凭借法律和雇佣军的暴力把一切道路堵死——即使能力低下的状况确实存在，我们也会通过那些道路加以克服——好像暴政一向是培养自由的手段似的。

我们已经犯有并且还在犯着同样的伤害女人的罪行。即使是这种伤害的影子，也要远远把它赶走，因为在上帝的眼里，最大的伤害莫过于把人类大家庭分成两个等级，强令或者允许一个等级屈从于另一个等级。在唯一的上帝面前，既无男人也无女人，而只有人，即以男人或女人的外形出现的、具有使人类不同于动物常态的特点的生物，这些特点是组成社会的倾向、学习的本领和不断上进的能力。哪里呈现出这些特点，那里就有人性，因而也就有平等的权利和同等的责任。像从同一树干上长出来的两个不同的枝杈一样，男人和女人是以不同形体从人类这个共同的基础上产生出来的。他们之间不存在不平等的因素，只有性情不同、职业不同，就像两个男人之间常见的那样。同一根琴弦上发出的两个音调难道是性质不等或不同吗？男人和女人是两个音调，如果没有它们就不可能有人类的和音。以两个民族为例：一个民族由其特有的天赋或生活条件所激发，通过殖民地来传播人类相互沟通的思想；另一个民族则通过创作普遍受到赞美的文学艺术方面的杰作来传播这种思想。它们的一般责任和权利有什么不同吗？这两个民族自觉或不自觉地成为同一种神圣观念的传播者，他们在执行自己使命的过程中是平等的，是兄弟。像这两个民族一样，男人和女人在人类这个大集体中起着不同的作用，但这些作用是同样神圣的，并且是为共同发展所不可缺少的，它们都体现着上帝赋予人类的思想，正如他赋予宇宙以灵魂一样。因此你们不仅要把女人看作同甘共苦的伴侣，而且要把她们看作同你们在志向、思想、学习以及改良社会方面携手并进的伙伴。在国民生活和政治生活中都要把她们看作与自己是平等的。你和她是人类灵魂的两翼，要一起努力使人类灵魂升至我们必须达到的理想境界。摩西的圣经①说过，上帝造人，女人是从男人身上取出来的；但是你们的圣经、未来的圣经一定要这样说：上帝创造表现为女人和男人的人类。

---

① 摩西的圣经，指《圣经·旧约》。

要热爱上苍赐给你们的孩子；但是要用真诚、深切和坚定的爱关怀他们，而不要无精打采地、毫无道理地或盲目地爱他们，因为这种爱出于你们内心的利己主义，对他们有害无益。你们要以至圣的名义永不忘记，你们对未来的世世代代负有重任；要记住，对于托付给你们的这些人，对于人类，以及在上帝面前，你们担负着人类能够觉察到的最重大的责任。不要把他们引入在生活上追求享乐和贪得无厌的歧途，而是要使他们深入到生活中去，切实担负起生活的责任，熟谙支配生活的道德律。在这个漠视宗教的世纪中，特别是在富裕阶级中，做父母的没有几个懂得他们的教育使命的重要性和神圣性。做父母的很少有人想到，我们这个时代的许多牺牲者、不断的斗争以及长期的苦难在很大程度上是利己主义的结果，而这种利己主义是软弱无能的母亲或漫不经心的父亲三十年前灌输给子女的，他们使孩子养成一种习惯，不把人生看作责任和使命，而是把它看成寻欢作乐、努力谋求私利的手段。对于你们这些劳工的儿子来说，危险倒是不大；你们的子女大都很了解贫困的生活。另一方面，你们由于社会地位低下而不得不继续从事辛苦的劳动，因而不大可能适当地教育子女。不过，你们甚至可以用言教和身教部分地完成这项艰巨的任务。

你们可以用自己的榜样做到这一点。

"你们的孩子将像你们一样，堕落或善良，这要看你们自己是善良还是堕落。

"如果你们自己缺乏正义感，对同胞缺乏仁慈的心肠，那么他们怎么会诚实并富有同情心和人情味呢？如果他们看到你们放荡不羁，那么他们又如何能洁身自好呢？如果你们当着他们的面行动粗野和口出秽语，不怕违反朴实的为人之道，那么他们又怎么会顾全天生的纯朴气质呢？

"你们是他们易受影响的性格赖以形成的活生生的典范。你们的儿子最后会成为人还是成为野兽，都将取决于你们。"①

你们还可以对他们进行言教。要向他们介绍祖国的情况，说明它过去的历史以及它将来应当是个什么样子。到了晚上，当母亲的微笑和伏在你们膝头的孩子们天真的话语，使你们忘记一天的疲劳时，你们要反复对他们讲述我们古代共和国平民百姓的丰功伟绩，告诉他们有哪些善良的人曾经热爱意大利及其人民，并为了改善意大利的命运而备受苦难、诽谤和迫害。要往他们幼小心灵里灌输的不是对压迫者的憎恨，而是反抗压迫的坚强决心。让他们从你们的言谈中，从他们母亲的默默赞许中认识到：沿着行善的道路前进是多么美好，作为真理的倡导者挺身而出是何等伟大，必要时为同胞们牺牲自己又是多么令人敬仰。在播下反对那种以暴力篡夺和维持的权威的种子时，要激发他们脆弱的心灵，使他们尊重唯一的真正权威，即守护神所肯定的美德的权威。务必使他们根据受传统鼓舞而不是受传统束缚的对良心的信仰，逐渐增强对暴政和无政府状态的憎恨。国家应当帮助你们进行这项工作。你们有权以自己子女的名义要求国家做到这一点。没有全民教育就没有真正的国家。

要热爱你们的父母。不要让因你们而产生的那个家庭使你们

---

① 拉梅内：《大众读物》，第12页。——作者原注

忘记那生养你们的家庭。新的纽带往往确实使旧的纽带变得松弛，可是它们应当成为爱的长链中新的一环，把一家三代维系在一起。要怀着亲切和敬爱的心情待在白发苍苍的父母周围，直到他们与世长辞为止。要用鲜花撒满他们去坟墓的道路。要用你们持久的爱心向他们疲惫的灵魂倾洒信仰与永生的芬芳。愿你们对父母的纯真爱心成为你们的子女对你们保持爱心的保证。

　　让你们的父母、兄弟、姐妹、妻子、子女都成为以不同序列生长在同一棵树上的枝杈。要使家庭在相亲相爱的和谐气氛中变得圣洁。要使家庭成为你们一起为国牺牲的圣殿。我不知道你们将来是否会幸福；但是我确实知道，如果你们这样做，你们即使处在逆境，也会产生一种安详宁静的感觉，即那种问心无愧的心平气和，它在每次考验中都将给你们力量，在每场暴风雨过后都将在你们眼前展现出蔚蓝的天空。

吕志士　译

家虽不佳仍是家？

［英］查尔斯·兰姆

查尔斯·兰姆（Charles Lamb 1775—1834），英国散文家、评论家，年少失学，后在东印度公司当职员，自学成材，曾和姐姐玛丽·兰姆一起编写《莎士比亚故事集》，并以"伊利亚"为笔名在《伦敦杂志》发表系列散文，后结集为《伊利亚随笔集》《伊利亚随笔续集》，多为自传体，文风亦庄亦谐，情调感伤，笔调奇特别致，遐迩闻名。

本篇选自《伊利亚随笔续集》，原题"That Home Is Home Though It Is Never So Homely"是英国人常说的一句俗语，意思和中国人说的"金窝银窝不及家里狗窝"差不多。但兰姆对这种说法并不认同，他说"有两种家是算不上家的"：一种是穷人的家，那里连温饱也不能保证，哪能算得上家呢？还有一种家，整天有人来串门，弄得主人不得安宁——这样的家，也算不上真正的家。

表面上，兰姆好像是随便说说，其实这里说出了家的两大要素：一是物质上的，即温饱；二是精神上的，即安宁。这是最起码的条件；否则，"家将不家"，还谈什么"家虽不佳仍是家"？

我们深信，有两种家是算不上家的：一种是穷人的家，另一种等一下再说。关于前者，那些拥挤不堪的下等娱乐场所和啤酒店里的长凳——如果它们会说话——会提出令人伤心的证明，因为穷人只能到那些地方去寻求一点家的影子，那是他在自己家里根本找不到的。在家里，只有空空的壁炉、微弱的火焰，那还不够让靠在妈妈身上瑟瑟发抖的孩子们的小手指保持一点暖气；而在这里，即使在隆冬大寒之际，也能找到烧得旺旺的火炉，炉旁还有一只铁架，可以把他那一点点啤酒放到上面温一温。在家里，饿得面黄肌瘦的老婆总是向他大吵大闹，而一来到这里，他就能受到笑容可掬的招待，那种好处远远超过了他所能出得起的那一点点花费。在这里，他能找到伙伴，那又是家里所没有的，因为穷人家里不会有客人来访。在这里，他还可以看一看外界发生的事，谈一谈政治；而在家里，忙来忙去的并非什么政治，而是家务——一切实实虚虚的兴趣爱好，凡是能扩大心胸、能使他与整个社会生活互相联系共鸣的一切话题，都被如何养家糊口这唯一的全神贯注的念头所压倒了——除了面包的价钱以外，任何其他消息都是既无意义、也不相干的。在家里，连个食品柜都没有；在这里，至少总还有那么一种丰盛的样子；当他在公用餐柜跟前，烹制赊来的瘦肉，或者在一个角落里大声咀嚼价钱便宜的冷菜，津津有味地吃他的面包、干酪、洋葱头，并没有人嫌他穷；在他眼前还摆着为酒店老板和他全家准备的好大一块肉。这块肉怎么烹调，他很感兴趣——一面动手帮忙，把三脚铁架从火上搬走，他这才想起原来世界上还有卷心菜烧牛肉这种食品，而在家里他已经快把它忘了。在这一会儿，他把他的老婆孩子都丢到一边了。但是，那又是什么样的老婆、什么样的孩子呀？对这种抛妻舍子的行为，有钱人表示反对，那是因为他们一想到家，就在心里描绘出他们回到家里所见到的自己的妻儿那种洁白无瑕、心满意足的样子。可是，再看一看穷人的老婆脸上是什么表情吧——她们紧盯着自己的男人，折磨他们，一直撵到酒店门口——而他们呢，到了酒店门口，要进去又停了一下，像是有点羞愧；但是，某种力量强大的痛苦促使他跨进了门槛。在那女人的脸庞上，由于受贫困的压迫，高高兴兴的、与人友好相处的表情早就被苦难抹煞得一干二净了——难道待在家里，就为看她这么一副面孔吗？这副面孔，究竟像一个女人，还是像一只野猫？唉，她千真万确就是在他年轻时曾向他嫣然微笑的那个女人。现在，她那脸上再也没有笑容了。她怎能给你带来安慰，为你减轻负担？"粗茶淡饭，同吃香甜"，说说倒也不错。可是，如果在食橱里连面包也没有，那该怎么办呢？还有人说：孩子们天真烂漫的喋喋絮语能够消除贫困对人的伤害。但是，穷人家的小孩子根本不会喋喋絮语。最可怕之处还不在于那种环境里没有天真活泼的气氛。一位洞明世事的老护士一天对我们说：穷人的孩子根本不是养活大的，而是硬拉扯大的。那些阔人家里在哺育室里养大的无忧无虑的小宝宝，要放在穷人家的小屋里，不消多久就会被改造成为早熟的、有心眼的小大人。大人没时间去疼他，没人认为值得花工夫去哄他玩耍、安慰他、抱着他抛上抛下，没人娇惯他，也没有人去吻掉他脸上的泪痕。他哭了，只能挨一顿打。有人说得好听："小宝宝，要长大，多喂牛奶多多夸。"可是，穷人的小宝宝害的病是瘦，是营养不良；如果他拿出娃娃们的小花招,想尽量惹起大人注意,所得到的回答只是严厉的斥骂。他从来没有一件玩具,也不知道什么叫作珊瑚块①。他从小到大,从来没有听过保姆的摇篮曲;举凡耐心的爱抚,能使孩子安静下来的吻抱,引人兴趣的新鲜东西,值钱的玩具,或者并不值钱、只是随意变个法子逗孩子一乐的小玩意;还有,对小孩子来说最有意思的没意思话,聪明的胡闹,有益无害的瞎话,以及适时插入、能使人忘掉当前的烦恼、唤起幼小者的好奇心的巧妙故事——这一切,他统统都不知道。没人给他唱歌——没人为他讲故事。他是被拉扯大的——任他自生自灭。他没有做过幼小者的梦,一下子就被推进了人生的冷酷现实之中。对于穷人家来说,一个小孩子生下来,并非从此有了一个好玩的小东西,而是添了一张吃饭的嘴,他那一双小手还得早早习惯于干活。在他能跟大人一起做事之前,他不过是跟他父亲争饭吃的一个对手。他不可能给他欢乐、消遣、安慰,也不可能使他回想起自己的幼小时代而变得年轻起来。穷人家的小孩子是没有幼年时代的。无意中听到一个穷苦妇女跟她的小女孩在街头谈话,能使你的心里流出血来——这还是一个日子稍微好过一点的穷人妇女,家境比刚才说的那种精穷的人家还要略胜一筹。她们所谈的不是玩具,不是小人书,不是夏天的节日(那么大的孩子正需要),不是答应过要看什么景致、什么戏;也不是在学校里成绩好受到夸奖——而是怎样把洗过的衣服轧干、上浆,是煤或土豆的价钱。这个小女孩所发出的疑问并非是娇痴好奇

---

① 一种婴儿玩具。

心的天然流露,而是带有大人般的预感和忧愁的谋算这些特色。她还没有做小孩子,就变成了一个妇人。她已经学会了怎样到市场上买东西——她为讨价还价争吵不休;她学会了妒忌,还会嘟嘟囔囔发怨言;她变得老练了、精明了、尖刻了;但她从来不会喋喋絮语。有鉴于此,难道我们没有理由说穷人的家不算家吗?

然而,还有另外一种家——我们也无法承认它算是家。这种家里有的是穷人家里所没有的食橱。它还有火炉边的种种设备,那更是穷人所不敢梦想的。尽管如此,它仍然不成其为家。我指的是——访客盈门、不堪其扰的人家。但是,许多心地高尚的朋友,有时光临寒舍暂住,我们若不畅开胸怀衷心欢迎,那就请骂我们是不可救药的小气鬼吧!我们所抱怨的并不是客人,而是那些川流不息、毫无目的的来访者,即通常说的那些闲串的人。有时候,我们很奇怪:他们是不是从天上掉下来的?这完全是因为我们的住处不当所造成的错误——它的"星位"没有算好,恰恰坐落在城郊之间的一个该死的中间地带——这么一来,就把城里、乡下的各种闲杂人等都招引到我们家里来了。我们已经老了,人的晚年又是很容易打发掉的。我们在世的光阴无几,这些人一个接一个没完没了、没规没矩地来串门,实在叫人受不了。到了我们这个岁数,安静有时就像睡眠一样需要——在白天,它简直就等于睡眠,能使人精神清爽。人到老年,百病丛生,最怕被人打扰。手头上正做着的事情,我们希望不受阻碍地做下去。我们肚子里的学问、计谋自然不多,可是我们匆匆去往的地方,学问、计谋更少①。我们做什么事,不想被打断——哪怕是正在玩九柱戏。青年时代,我们享有充分的未来所有权;如今,余年不多,在这方面不得不尽量节省。在花费时间上,我们一分一秒也舍不得,好像那是一块块金币。我们行头本来就少,更不能听任蛀虫把它侵蚀、啃咬。大好时光,我们可以拿出一部分跟朋友进行对等交换。但是,在真正的客人和闲串者之间要划出一个界限。闲串者夺去你的大好时光,却只留给你一个无聊。客人,本来就是你家里的熟人,像你家里的一只猫、一只鸟;闲串者却像一只苍蝇,拍着翅子从你的窗口飞进来、飞出去,只让你心烦,还把食物弄脏。这么一来,连生命的低级功能都弄得迟钝了。一有人打扰,连自己的食物也不知如何调制。我们的一顿正餐,要想吃得有滋有味,必需单独享用。当着一位客人的面,我们吃饭已经相当勉强;公共宴会,味道何在,实在不敢领教。在大庭广众之中,食物风味尽失,吃下去也难以消化。倘有一位不速之客闯进门来,消化器官只好完全停顿。有一种人来得很准时,他们串门,专选在你的正餐刚刚要开始的那个时刻——他们来,不是为吃饭——而是来看你吃饭。我们的刀叉颓然落下,觉得不吃就饱了。还有些人在另一个方面表现出天才——我们刚刚坐下要看一本书,他们就在这一刹那敲门。他们脸上流露出一种特殊的带点怜悯的嘲笑神气,嘴里说他们希望"不至于打扰了你的用功吧"?尽管他们只待上片刻工夫,就飘然而去,再厚着脸皮去光

---

① 此处暗引圣经《传道书》第9章第10节:"凡你手所当做的事,要尽力去做,因为在你所必去的阴间没有工作,没有谋算,没有知识,也没有智慧。"

顾另一位住得最近、他可以称之为朋友的读书人，但是，这一本书的情调已经被他毁了——我们只好把书合上，在那一天里，我们就像但丁笔下的那一对情人①似的，再也用不着念书了。如果这种侵扰的影响仅仅与其占据的时间同样长短，倒也罢了；问题是接连而来的几个小时也都被它一股脑糟蹋掉了。因为，这些看来只是抓破皮的轻伤，并不会立刻就收口的。可敬的泰勒主教②有云："不可把慷慨的友情滥施给那些莽撞无礼的人——他们，对于自己的家庭来说，可能就是包袱；同时，他们又从来不肯减轻我的包袱。"这，大概就是他们游游荡荡拜访这个、拜访那个、早晨起来到处串门的秘密所在吧。他们，自然也有家的——不过，那也算不上真正的家。

刘炳善　译

---

① 指但丁《神曲》第 5 篇中所写到的保禄和弗兰采斯卡——他们是中世纪意大利的一对男女青年，因反抗包办婚姻大胆相爱而于 1289 年被处死刑。
② 泰勒（Jeremy Taylor 1613—1667），曾任主教，是兰姆所喜爱的一个 17 世纪英国散文作家。

民主对美国家庭的影响

[法] 夏尔·德·托克维尔

夏尔·德·托克维尔（Charles de Tocqueville 1805—1859），法国历史学家、政治思想家、政治社会学奠基人，主要著作有《论美国的民主》《旧制度与革命》《回忆录》和《美国游记》等。托克维尔曾于 1831 年 4 月至 1832 年 2 月间在美国考察，回国后写《论美国的民主》一书而成名（当时，法国正值波旁王朝复辟时期，但共和派正在积聚力量，准备再次推翻君主制，此书的出版使其信心大增）。此处辑录的是《论美国的民主》（下卷）第三部分第八章，题目系原书所有。

民主是一个政治概念，但政治要影响家庭，任何政治都如此，民主政治当然也不例外。在本章中，托克维尔对照欧洲的贵族制度对欧洲家庭的影响，论述美国的民主制度对美国家庭的影响。主要是两个方面：一是父母与子女关系的改变；一是兄弟姊妹间相互关系的改变。在欧洲家庭，受贵族制度的影响，父母拥有绝对权威，就如贵族，而子女则如受制于贵族的平民；而在美国家庭，受民主制度的影响，父母不再有"那种严肃的、约定俗成的、合法的权威"，家庭内建立起一种平等关系。同样，在欧洲的贵族家庭里，像在贵族社会里一样，兄弟姐妹的地位是早已规定好了的，儿子和女儿的地位不同、长子还有特殊的继承权等，因此，兄弟姐妹间关系往往很隔阂；而在民主制度下，兄弟姐妹的关系是平等的，因而各人也是独立的——这"虽然要使他们分家析产，但能使他们的心灵融洽"。

简单地说，民主政治会导致家庭中的家长制消亡。也就是说，民主政治和家长制是格格不入的。反过来说，如果家庭中仍实行着某种程度的家长制，那么可以推断，该社会一定是不民主的。这或许是本文最具启发性的要义所在。

大家都已看到，在我们这个时代①，家庭的各个成员之间已经建立起新的关系，父子之间昔日存在的差距已经缩小，长辈的权威即使没有消失，至少也已经减弱。类似的情况也见于美国，但它更引人注目。

在美国，从来就不曾有过古罗马人或欧洲贵族就"家庭"这个词的含义所理解的那种家庭。美国人只是在出生后的最初几年里才具有家庭意识。在孩子的童年时期，父亲实行家庭专政，子女不得抗拒。子女的年幼无知使这种专政成为必要，而子女们的利益以及父亲的无可争辩的优势，又使这种专政成为合理。但是，美国人到了成年后，子女必须服从父母的关系便日渐松弛。他们先是在思想上自己做主，不久便在行动上自主。严格说来，美国人没有青春期，少年时代一结束，便自己闯天下，开始走自己的人生之路。

如果认为这是一场家庭内部斗争的结果，是儿子在这场斗争

---

① 即19世纪30年代。

中以违反家规的方式取得了父亲拒绝给他的自由,那是错误的。促使儿子要求独立的那些习惯与原则,也使父亲不得不承认,享有独立是儿子不可侵犯的权利。因此,前者绝不会有那种摆脱权势后还长期怀恨在心的愤懑;后者也绝不会有那种失去权势后常有的痛苦、气愤或遗憾。这就是说,做父亲的早已知道自己的权威总有一天会到期,所以这个期限一到,他便自愿放权;而做儿子的也早已知道自己的独立之日总有一天会到来,获得自由是必然的,就如一份归他所有的财产,没有人会来争抢。

试述一下家庭方面发生的这种变化是如何与我们眼前即将完成的社会和政治革命密切相关的,也许不无用处。有一些重大的社会原则,或被一个国家到处推行,或不准它们在各地存在。在等级森严的贵族制国家,当局从不向其统治下的全体臣民直接呼吁或求援;因为人人彼此都是受一定的关系约束的,所以只要上层人物发号施令就可以了,其余的人一定追随。这种情况也见于家庭和由一个人领导的一切社团。在贵族制国家,社会实际上只承认身为一家之长的父亲的存在,做子女的只是通过父亲而与社会发生关系。社会管束做父亲的,做父亲的管束其子女。因此,做父亲的不仅有天赋的管教子女的权力,而且被赋予对子女发号施令的政治权力。他既是家庭的创造者,又是家庭生计的维持者,而且也是家庭里的行政长官。

在民主制度下,政府的权力及于人民群众中的每一个人,以同样的法律直接地治理每一个人,不需要有父亲那样的中间人。在法律上看来,做父亲的不过是一个比子女年龄大和有钱的公民而已。

当大部分人的身份极不平等,而这种不平等又是永久性的时候,关于首长的观念就在人们的想象中成长起来;即使法律不给予这个首长以特权,习惯和舆论也会让他享有之。反之,当人们彼此之间无大差别,而且不再永远有高低之分的时候,关于首长的一般观念就将日益淡薄和模糊;即使立法者硬凭自己的意志强把一个人安排在首长的位置上,叫他对一个下属发号施令,也是没有用的,因为民情在使这两个人彼此日益相近,逐渐走向同一水平。

因此,即使我从未见到一个贵族制国家的立法机构曾授予家长以独享的特权,我也不能不确信贵族制国家的家长的权力比民主国家的更受尊重和更为广泛,因为我们知道不管法律有无规定,首长在贵族制国家总比在民主国家地位高,而下属则与此相反,即在前者低于在后者。

当人们在生活中主要是缅怀过去而不是重视现在,更多的是考虑祖先的想法而不是研究自己的想法的时候,做父亲的便成为过去和现在之间的天然的和必然的桥梁,成为联系和连结上一代和下一代的套环。因此,在贵族制度下,做父亲的不仅是家庭的政治首长,而且在家庭里是传统的继承人和传代人,是习惯的解释人,是民情的仲裁人。他说话时,家庭的成员要洗耳恭听;对待他只能毕恭毕敬,并且要爱得始终诚惶诚恐。

当社会情况变得民主,人们以自己判断一切事物作为基本原则,并认为这样做是正确和合理的,只把祖传的信念作为参考而不视为规范的时候,父亲的见解对于子女的影响力,正如他的合法权力一样,便将大为降低。

民主制度导致的分家，其最显著的后果或许是父子关系的改变。当一家之主的父亲财产不多时，他和儿子将长期同住在一起，共同参加同样的劳动。习惯和需要使他们联合在一起，并且不得不时时刻刻彼此交谈。因此，在他们之间不能不建立起一种不拘形式的亲密关系。这种关系使做父亲的权威减少绝对性，并且很少讲究尊敬的表面形式。

然而，在民主国家里，拥有这样少量财产的阶级，正是能够使思想产生力量和使民情发生转变的阶级。这个阶级使它的意见，同时还有它的意志，到处占据统治地位；甚至最想抗拒它的领导的人，最后也听任自己去仿效它的做法。我就看到一些激烈反对民主的人，曾容忍他的子女用"你"而不用"您"来称呼他们。因此，随着贵族失去权势，父母的那种严肃的、约定俗成的、合法的权威也不见了，而在家庭之内建立起一种平等关系。

总的来说，我不知道社会是否由于这种变化而受到了损失，但我确信个人却由此得到了好处。我认为，随着民情和法制日益民主，父子关系也会更加亲密与温和，而不像以前那样讲究规矩和仰仗权威；他们之间的信任和眷爱也往往是坚定的。看来，父子的天然联系是紧密了，但他们的社会联系却松弛了。

在民主的家庭里，做父亲的除了表示老人对子女的爱抚和向他们传授经验之外，并没有任何权力。他的命令可能无人遵从，但他的忠告一般会发生作用。虽然子女们对他不是毕恭毕敬，但至少对他表示信任。子女同他交谈没有固定的礼节，而是随时可以同他谈话，经常向他请教。在这里，家长和长官的身份不见了，但父亲的身份依然存在。

为了判明两种社会情况在这方面的差异，只要看一看贵族时代留下来的一些家书就可以了。书信的文体经常是端庄、死板和生硬的，而且文字冰冷得使人心里感觉不到一点热乎气儿。反之，在民主国家里，儿子写给父亲的信中，字里行间总有某些随便、亲密和依恋的表现，一看就知道，家庭里建立了新的关系。

这样的变革也在改变兄弟姐妹的相互关系。在贵族的家庭里，也像在贵族社会里一样，人人的地位是早已规定好了的。不只是父亲在家庭里另成一级，享有广泛的特权，就是子女之间也不平等。子女的年龄和性别，永远决定着他们每个人在家里的地位，并使其享有一定的特权。

民主制度把这些壁垒大部分废除或减少了。

在贵族家庭里，长子继承大部分家产和几乎全部权利，所以他将来一定成为家长，而且在一定程度上成为兄弟们的主人。他尊贵有权，而兄弟们则平庸和依附于他。但是，如果认为在贵族制国家，长子的特权只能给他自己带来好处，那也是错误的，因为这样会引起兄弟们对他忌妒和怀恨。长子一般都竭力帮助他的兄弟们发财致富和获得权势，因为一个家族的显赫必然反映在它的代表的身上。而且，做弟弟的也设法协助长兄进行一切事业，因为族长的显赫和权势使他更能去扶掖家族的各支。因此，贵族家庭的成员彼此联系得极为密切，他们的利益互相关联，他们的想法也颇为一致，但是他们的心却很少互通。

民主制度也使弟兄间互相依靠，但依靠的方式与贵族的不同。根据民主的法制，一家的子女是完全平等的，从而也是自主的。没有任何东西强制他们彼此接近，也没有任何东西迫使他们互相疏远。因为他们血统相同，在同一个家庭里成长，受到同样的关怀，没有任何特权使他们各不相同和把他们分成等级，所以他们之间从小就容易产生亲密无间的手足情感。成年之后形成的关系，也不会引起他们破裂不睦，因为兄弟的情义在使他们日益接近，而不会使他们反目。因此，在民主制度下，使兄弟们互相接近的并不是利害关系，而是对往日的共同回忆，以及思想和爱好的自由共鸣。

民主制度虽然要使他们分家析产，但能使他们的心灵融洽。这种民主的民情的魅力十分强大，以致拥护贵族制度的人也不再愿意遵守贵族制度了，并在体验若干时日之后，肯于放弃贵族家庭的那种毕恭毕敬的和刻板冷漠的规矩。只要他们能够放弃他们原来的社会情况和法制，他们随时都可以接受民主制度下的家庭习惯。但是，这项工作还牵涉另一个问题，即不忍受民主的社会情况和法制，就享用不了民主的家庭习惯。

我对于父子之爱和手足情义所述的一切，从人性本身自发产生的一切情感来说，也应当说是合情合理的。当一种思想和一种感情是由人所处的一种特殊情况产生出来的时候，这种情况一发生变化，它们便不复存在。因此，法律虽然可以把两个公民紧密地联系在一起，但当这项法律废除后，他们便彼此分离了。再没有比封建社会把主仆联系起来的那种民情更具有紧密的联结作用了。但在如今，这两种人已各自东西，互不相识了。往昔使他们结成主仆关系的那些畏惧、感激、敬爱的感情，已经荡然无存，而且一点痕迹也没有了。

但是，人类的天生感情却不能如此。即使法律要以某种方式驾驭这种感情，也很少能够制服；法律在想加剧这种感情时，也很少能从中得到什么好处。这种感情只是依靠本身的力量，就能永远强大。民主制度使几乎所有的旧社会习惯失效或销迹，鼓励人们去接受新的社会习惯，从而使旧社会习惯所产生的感情大部分消失。但是，民主制度对于其余的习惯只是做了改进，而且往往是赋予它们以原来没有的活力和温和性。

我认为，只用一句话来概括本章和以前各章所表述的思想，并非不可能。这句话是：民主制度松弛了社会联系，但紧密了天然联系；它在使亲族接近的同时，却使公民彼此疏远而独立了。

董果良　译

孩子和结婚[①]

[德] 弗里德里希·尼采

弗里德里希·尼采（Friedrich Nietzsche 1844—1900），德国哲学家，重要著作有《悲剧的诞生》《查拉图斯特拉如是说》《道德的谱系》《人性的，太人性的》和《权力意志——重估一切价值的尝试》等。本文选自《查拉图斯特拉如是说》，标题为原书所有。

尼采是西方传统道德（即基督教道德）的叛逆者。查拉图斯特拉是尼采虚构的一位反基督教道德的"圣者"。"查拉图斯特拉如是说"，就是查拉图斯特拉（实质是尼采自己）对基督教道德的嘲讽。在本文中，查拉图斯特拉嘲讽的是基督教婚姻道德，即所谓的"爱"；同时，他还说出了自己的婚姻观，即：男人找女人结婚是为了"创造一个胜于他们自己的后代"——既然如此，男人就必须超越基督教所宣扬的那种夫妻之爱，必须超越自我，这样才会有真正"神圣"的婚姻，才会创造出胜过他们的后代，即"超人"。而"超人"，尼采坚信，就是世界的未来。

---

① 尼采在这里谈论结婚，有些是针对《哥林多前书》第七章论嫁娶的事而发的。

我有一个单为你提出的问题,我的兄弟:我把这个问题像测锤一样投进你的灵魂里,让我知道它的深度。

你年轻,想要生孩子和结婚。可是我问你:你是一个**可以允许**你想生个孩子的人吗?

你是常胜者、自我克制者、感官的命令者、自己的各种道德的支配者吗?我如此问你。

或者从你的愿望之中有动物和必须在说话吗?或者有孤单?或者有对你自己的不满?

我愿,你的胜利和你的自由渴望生一个孩子①。你应当为你的胜利和你的解放建立活的纪念碑。

你应当超越自己地建树。可是你必须首先把你自己建树好,肉体和灵魂都要方正。

你不应当单单把你的种传下去,而要让你传的种高于你!在这一方面,结婚的花园对你大有裨益!

你应当创造一个更高的肉体、一级运动、自转之轮——你应当创造一个创造者。

结婚,我指的是:两个人的意志,就是要创造一个胜于他们自己的后代。作为这种意志的愿望者,彼此互相尊敬,我称之为结婚。

让这点成为你的结婚的意义和真理吧。可是,那些过多的多数人,那些多余的人所讲的结婚——唉,我叫它什么呢?

---

① 作为一个解放自己的强者,生一个孩子,把这种强者的优势传下去,应有这样的结婚意志。尼采在这里谈的,颇有优生学的见地。

唉，一对灵魂的这种贫乏！唉，一对灵魂的这种肮脏！唉，一对配偶的这种可怜的舒适！

他们把这一切称为结婚；他们说，他们的结婚是天作之合①。

嗯，我不喜爱它，这些多余的人们的天国！不，我不喜爱他们，这些被网进天国之网②里的动物！

一瘸一拐地③走来、要为不是他所配合的对象祝福的上帝，让他远远离开我吧！

别笑这样的结婚！哪个孩子没有哭他的父母的理由呢？

我觉得这个丈夫已经成熟，有资格理解大地的意义；可是，当我看到他的妻子时，我觉得，似乎大地变成了一座疯人院。

确实，当一个圣人和一只雌鹅互相配对时，我愿大地震得抽搐。

有一个男人，他像英雄一样出去追求真理，最后却获得一个小小的化装的假象。他称之为他的结婚。

另一个男人，对交际很冷淡，选择对象很挑剔。可是一下子就永远破坏掉他的交友关系：他把这叫作他的结婚。

第三个男人找了一个具有各种天使美德的婢女。可是他一下子变成一个妻子的婢女，而现在，他需要让他自己也成为天使④。

---

① 《马太福音》第 19 章第 6 节："夫妻……乃是一体的了，所以上帝配合的，人不可分开。"天主教认为婚姻是天主的一种特恩，并且婚姻也是不可拆散的，因为这是主的命令。

② 因袭的教会所说的上帝和天国。

③ 此处联想到希腊神话中的锻冶神赫淮斯托斯，他是个跛子。他的妻子是爱与美的女神阿佛洛狄戒，当这位不忠的妻子跟战神阿瑞斯寻欢时，他把他们捉住，罩进网里。

④ 像天使一样有耐心侍候妻子。

我发现，现在所有的买主都是谨慎小心，他们全都有狡诈的眼睛。可是哪怕是最狡诈者在买进妻子时也是盲目瞎买。

短期间的许多傻事——在你们中间被称为恋爱。而你们的结婚则是以**一件**长期的蠢举结束许多短期的傻事。

你们对女性的爱以及女性对男性的爱；唉，但愿那是对充满苦情、蒙着面纱的神祇们①的同情！不过，大多数乃是两个动物互相猜测对方的心情。

可是，即使你们的至高无上的爱，也不过是一种陶醉的比喻，一种痛苦的热情②。它是应当照耀你们走上更高的道路的火炬。

有一天你们应当超越自我去爱！因此先**学学**爱吧！为此你们必须饮下你们的爱的苦酒③。

哪怕是至高无上的爱的杯子里也有苦酒：这样它才使人憧憬超人，这样它才使你这个创造者产生渴望！

创造者的渴望、赶上超人的箭和憧憬；请问，我的兄弟，这是你想要结婚的意志吗？

这样的意志和这样的结婚，我称它是神圣的。——

查拉图斯特拉如是说。

钱春绮　译

---

① 潜藏在人内部的人类向上的意志和愿望。因为不易实现而生出烦恼。
② 男女即使进入有真正意义的结婚生活，但这不应是终点站，而是走向更高的道路的一个阶段，应自觉这不过是一种影像，一个比喻。
③ 真正的爱应是男女双方超越现在的自己，共同迈向更高的目标。通常的爱与结婚，应视为只是一种前阶段。

论婚姻与家庭

[德] 弗里德里希·尼采

本篇节选自尼采《人性的，太人性的》一书的第七章，标题为编者所加。这里呈现的是典型的尼采式文体——语录体。各段语录间并无关连，但又统属于一个论题。每段语录直接表述一个观点，既无证明，又无推论——信就信，不信拉倒。所以，与其说是哲学，不如说是文学（哲学诉之于理性推论，文学诉之于直觉感受）。

本篇所节选的语录，均和婚姻与家庭有关，尽管散乱，而且有些语录表述的仅是一种感受、一种态度，甚至是一点机智，而非正式的观点，但总体上仍贯穿着尼采的思想（由于他的思想太不寻常，他大多采用这种方式来表达）。那么，这里表达了尼采怎样的思想呢？那就是"超人思想"，即认为：人类必须由现在的"人类"向未来的"超人类"进化，即各种族、各民族必须在竞争中优胜劣汰；否则，人类将注定灭亡（其实没有"否则"，因为这是大自然必然的、不可抗拒的进程——至少，尼采是这么认为的）。这其实是达尔文进化论的一种发挥（正确与否，另当别论）。具体到婚姻与家庭，尼采认为，这方面最大的障碍就是传统的基督教道德（参见前文"导读"）。不过，尼采在这里并没有直接攻击基督教道德，而是挖苦、嘲讽传统婚姻与家庭，最后甚至说："在最具有哲学特点的事务中，所有结过婚的人都是靠不住的。"为什么？就是因为传统婚姻与家庭培养的是基督教道德，而基督教道德，用他的话来说，是"弱者的道德"、"奴隶和女人的道德"。

友谊和婚姻——能做最好的朋友的人也许将得到最好的妻子,因为金玉良缘取决于交友的天赋。

父母的继续存在——父母的个性和思想意识关系中未消除的不和谐音继续回响在孩子的天性中,构成了他内在的痛苦史。

纠正天性——如果你没有一位好父亲,那就应该给自己找一位。

父与子——父亲因为有儿子而有许多事情要做,以便作出弥补。

一种男人的疾病——对于自卑这种男人的疾病,最有效的治疗方法是为一个聪明女人所爱。

一种嫉妒——母亲很容易嫉妒她儿子的朋友,如果她儿子的朋友特别有成就的话。一位母亲通常爱她自己在儿子身上的身影,甚于爱儿子本身。

理性的非理性——当生命和智力进入成熟阶段以后,这样一种感觉会侵袭到人的心头:他的父亲不该让他生下来。

母亲的善意——有的母亲需要幸运的、受人尊敬的孩子;有的需要不幸的孩子,要不然,她们作为母亲的善意就无法表达。

不同的叹息——有些男人因为妻子被人诱拐而叹息,但是大多数男人是因为没有人想要诱拐他们的妻子而叹息。

恋爱婚姻——由爱缔结的婚姻（所谓的恋爱婚姻）是由错误充当父亲、由困顿（需要）充当母亲的。

地点一致与戏剧效果——如果夫妻不在一起生活，金玉良缘就会更常见。

婚姻的通常后果——任何一种交往，它不提升，就往下拽，要不就相反；所以男人娶了老婆以后通常就沉下去一点，而老婆则被提升了一点。太有教养的人很需要婚姻，同时又像对待一帖苦药一样抵制它。

教一教发号施令——你应该通过教育多教一教来自谦恭家庭的孩子学会发号施令，就像教其他孩子学会服从一样。

想要被爱上——因中意而来到一起并订了婚的人往往努力被对方爱上，以避免被指责为怀有冷漠的、自私自利的功利目的。同样，那些由于自己的利益而转向基督教的人也努力真正变得很虔诚；因为这样对他们来说，宗教的表情变化才变得更容易。

持久的婚姻——各自想要通过对方达到个人目的的婚姻结合得很牢靠，例如，妻子想要通过丈夫成名，丈夫想要通过妻子变得讨人喜欢。

作为一次长谈的婚姻——结婚以后,大家应该问这样的问题:你认为你能和这个女人好好交谈、白头偕老吗?婚姻中一切别的东西都是短暂的,而相互关系中的大部分时间都用在了交谈中。

让自己被人爱——因为恋爱的两个人当中一个通常是爱者,另一个通常是被爱者,于是就有人相信,在每一笔爱情交易中,爱的量是恒定的:一个人占为己有的爱越多,给另一个人剩下的爱就越少。出现的例外情况是,虚荣心使两个人中的每一个都相信,他或她是必须被爱的那一个,所以两个人都要让自己被人爱:由此而尤其在婚姻中产生了各种各样半令人发笑半让人感到荒唐的场面。

谁更痛苦——在一个女人和一个男人之间的一场个人纠纷和争吵之后,一方通常因想象伤害了另一方而感到很痛苦;而另一方则因为想象没有足够伤害对方而感到很痛苦,为此他或她努力用眼泪、抽噎以及惘然若失的神色使对方因此心情沉重。

女性慷慨的机会——一旦你在思想中不理会习俗的要求,你大概就能思考天性和理性是否规定男人应该前后结多次婚,差不多是以这样的形式:他首先在 22 岁的时候娶一个年纪较大的女孩,其在精神上和道德上都比他强,能成为引导他穿越 20 几岁人面临的危险(抱负、仇恨、自暴自弃、各种各样的痛苦)的引路人。她的爱后来会被完全转变成母爱来看待,而且当丈夫在 30 来岁时同一个十分年轻的、他自己掌管其教育的女孩发生关系时,她不仅对此容忍,而且还以最有帮助的方式加以促进。——婚姻对于20来岁的人来说是一个必要的学校；对于30来岁的人来说是一个有用的、然而并非必要的学校；对于再往后的生活来说，它往往变得有害，促成男人的精神退化。

童年的悲剧——这样的事情也许并不少见：高尚而雄心勃勃的人在童年时不得不经受住他们最艰巨的斗争考验：他们要实现自己的信念大概就得顶住一个思想卑劣、沉湎于假象与谎言的父亲，或者像拜伦爵士那样，不断生活在同一个幼稚可笑、暴戾恣睢的母亲的斗争中。如果你经历了这样的事情，你就一生都不得不为知道谁原来是你最大最危险的敌人而感到痛苦。

父母的愚蠢——在对一个人的评价中，最大的错误是由这个人的父母犯下的：这是一个事实，但是你如何来作出解释呢？父母拥有太多的儿童体验，他们不再能将其整合成一个统一体吗？我们注意到，在外国旅行的旅行者刚到一个国家就能正确抓住该国人特殊的总体特征；他们对该国人了解得越多，就越看不到他们身上典型的、特殊的东西。一旦变得近视，他们的眼睛就不再能远视。难道父母因为从来没有站在离孩子足够的距离之外，就应该对孩子作出错误的评价吗？——以下也许是一个完全不同的解释：人们习惯于不再仔细考虑自己周围最接近于自己的东西，而只是接受它。也许父母在需要对他们的孩子作出评价时，因为他们已习惯于不仔细考虑而作出了那么不着边际的评价。

出自婚姻的未来——那些给自己规定了教育女性、振奋女性精神的任务的高贵而有自由意识的女人不应该忽视一种观察角度：站在更高的角度来理解的婚姻，作为不同性别的两个人之间的心灵友谊，也就是说，如未来对它所期待的那样，是要实现产生和教育新一代的目的——这样一种把感官满足几乎只是用作实现一个更伟大目的的一种难得使用的附带手段的婚姻，大概像人们不得不操心的那样，需要一种天然的帮助，即非婚同居。然而如果由于丈夫健康的原因妻子还应该为性需求的唯一满足服务，那么在挑选妻子时，一种和已经提到的目的相反的错误观点就将是有决定性的了：生儿育女成了带偶然性的事情，良好教育很少有可能性。一个好妻子同时又应该是女友、帮手、产妇、母亲、家长、管家，也许甚至还得主管独立于她丈夫的她自己的商务与公务——这样的妻子不可能同时又当小妾：这通常意味着对她要求太过分了。因此，将来可能出现和伯里克利时代发生在雅典的事情相反的情况：当时只是把他们的妻子当作小妾看待的男人还转向了阿斯帕齐娅①们，因为他们向往一种使人精神上、感情上获得解放的交往所给予的魅力，这样一种交往只有女人的妩媚和内在柔顺才能办到。所有的人间机制，如婚姻，只允许一种适中程度的实用性美化，在相反情况下，就有必要马上采取重大补救措施。

婚姻幸福——一切成为习惯的东西在我们周围拉紧了一张越来越紧固的蜘蛛网，随即我们注意到，细丝变成了粗绳，我们自

---

① 阿斯帕齐娅（前470—前410），古希腊雅典的高级妓女，政治家伯里克利的情妇。

己作为被困在这里不得不靠自己的血维持生命的蜘蛛,坐在网的中间。因此自由精灵讨厌所有的习惯和规则,憎恶一切持久和确定的东西,因此它一再撕碎困住自己的网;尽管它将因此而遭受大大小小的伤痛——因为它必须从它自己那里、从它自己身上、从它自己的灵魂上把那种网丝扯去。它必须在它至今一直恨的地方学会爱,在它至今一直爱的地方学会恨。对它来说,甚至在它以前让大量仁慈喷涌而出的同一块土地上播下龙牙也不是不可能的事情。——你不必去考虑它是否天生该有婚姻幸福。

顺便说一下,我有这样的看法(Ceterum censeo①)——如果一个由一无所有者组成的社会宣布废除继承权,这是可笑的;如果没有孩子的人从事一个国家实际的立法工作,这同样是可笑的——他们在自己的船上甚至没有足够的压舱物,使船能安全驶向未来的海洋。但是,如果一个选择获得最一般的知识和选择评价全部生活作为自己任务的人因为对家庭、生活、安全、照顾妇女儿童等的个人考虑而给自己背负了沉重的负担,并在自己的望远镜上蒙上了那种来自遥远天体世界的几道光芒都无法穿透的不透明的面纱,这同样显得很荒唐。于是我也得出了这样的定律:在最具有哲学特点的事务中,所有结过婚的人都是靠不住的。

杨恒达 译

---

① 这是罗马政治家、作家大加图(前234—前149)结束他的发言时爱用的一句话中的一部分,这句话是这样说的:"顺便说一下,我有这样的看法:迦太基必然被摧毁。"(Ceterum censeo, Carthaginem esse delendam.)

家庭的和平

[法] 阿兰

阿兰（Alain 1868—1951），笔名，真名埃米尔-奥古斯都·夏蒂耶（Émile-Auguste Chartier），法国哲学家、著述家，一生著述丰富，涉及历史、哲学、宗教、文学、教育等多个方面，重要著作有《艺术体系》《读巴尔扎克》《幸福散论》和《思维与年龄》等。

本文选自《幸福散论》，谈如何维护家庭和平，因为家庭成员亲密无间，任性、发脾气是在所难免的，甚至可以反过来说，任性、发脾气是亲密无间的表征。然而，这毕竟会伤害彼此的感情。所以，作者认为，家庭成员间还是要有所克制。至于如何克制，故意分心不失为一个好办法，即：知道自己要发脾气时，把注意力转向其他事情（当然，这要有意志力）。等一会儿，这脾气可能就不发了。

我又要提到儒勒·勒那尔写的这本可怕的书——《胡萝卜须》①。

---

① 勒那尔（1864—1910）的代表作《胡萝卜须》是他童年辛酸苦辣的记录。作者对缺少母爱的痛苦毕生萦怀，出语冷峭幽默，却掩盖着强烈的感情。

这本书写亲人之间丝毫不留情面的关系，但是我必须指出，事情坏的一面本来不难觉察；人们普遍把友情掩盖起来，只让对方看到怒火、脾气。越是亲密相处的人之间，这类现象越难避免。谁不懂这个道理，一定生活不幸。

家人之间，尤其在每个成员都忠心耿耿的家庭里，谁也不会约束自己，谁也不戴面具，所以在孩子心目中，母亲用不着想到怎样对他证明她是个好母亲，否则这个孩子就坏到残忍的地步了。好孩子应该期待母亲有时会对他很不客气，这是他应得的报偿。礼貌是用来应付不相干的人的，好脾气或坏脾气则是为我们所爱的人准备的。

两心相爱的一个表征，是双方天真地拿对方做发脾气的对象。智者认为这是信赖和放任的证明。小说家经常指出，妻子有外遇的最初迹象，是她对丈夫又变得彬彬有礼，小心体贴。如果我们认为，这是女人的一种心计，那就错了。其实，这是因为妻子不再在丈夫面前放任自己了。舞台上演妻子的常说一句话："我乐意挨揍又怎么着呢？"这句话表达一个感情领域的真理，只不过它把这个真理夸大到可笑的程度。人们第一个冲动必定是打、骂、责备。如果信赖过了头，家庭就有覆灭的危险，我的意思是说，它会变成一个令人憎恶的场所，动不动人们就提高嗓门，生气发怒。这也不难理解：人们天天相处，一个人的怒火自然会引起另一个人的怒火，最细微的情感也会被放大几十倍。描写坏脾气并不难，但是人们只要肯解释坏脾气产生的原因，治疗的办法也就找到了。

我们如有一个熟人老爱埋怨或者动辄发脾气，我们会天真地说:"这是他的性格。"但是,我不怎么相信性格。因为经验证明,经常受到压制的东西就日益失去它的重要性,最后变得微不足道。在国王面前,朝臣不是掩盖他的坏脾气,而是他取悦国王的强烈愿望化解了他的坏脾气。一个运动排除另一个运动。如果你友好地伸出手来,你就不会同时挥拳打人。感情也是一样,其强烈程度取决于你做出的或制止的动作。一位太太正在发怒,不料有客人上门,她顿时收敛怒容。我不说她虚伪,而是认为,这才是治疗怒火的绝妙良药。

家庭秩序和法律秩序一样,不能自动成立,而是通过意志建立并维持下来的。谁懂得第一个冲动的危险性,就能克制他的动作,这样他就能保持他珍惜的感情。因此,对于意志来说,婚姻应该是不可分离的。借助意志的力量,人们能够承担起平息风暴、维持良好婚姻关系的义务。誓言的用处,正在于此。

1913 年 10 月 14 日

施康强　译

论父母与子女

[法]安德烈·莫洛亚

安德烈·莫洛亚（André Maurois 1885—1967），法国传记作家、散文家、历史学家、小说家，于1939年当选为法兰西学院院士。重要作品有传记《雪莱传》《拜伦传》《雨果传》《巴尔扎克传》、散文集《人生五大问题》《生活的智慧》、历史学著作《英国史》《美国史》《法国史》以及长篇小说《布朗勃尔上校的沉默》等。

本文选自《生活的智慧》，从外、从内、从父母方面、从子女方面，多角度地探讨了家庭生活的方方面面。而其要点，在于父母和子女如何才能平安相处，以及父母如何才能最大限度地帮助和教育子女，用作者的话来说就是："第一是家庭教育对于儿童的重要，坏孩子的性格无疑地可加以改造，有时甚至在他们的偏枉过度之中，可以培养出他们的天才；但若我们能给予他一个幸福的童年，便是替他预备了较为容易的人生。怎样是幸福的童年呢？是父母之间毫无间隙，在温柔地爱他们的孩子时，同时维持着坚固的纪律，且在儿童之间保持着绝对一视同仁的平等态度。更须记住，在每个年龄上，性格都得转变，父母的劝告不宜多，且须谨慎从事；以身作则才是唯一有效的劝告。还当记住，家庭必须经受大千世界的长风吹拂。"是的,从根本上说,人是由家庭造就的,因为人只有在家里才是真正的人——这是本文作者的基本思想。这一思想贯穿于全文,即:人只有在家庭生活中才是本来面目的人,在其他时候,无论你从事什么职业,无论你有怎样的社会地位,你都不是本来面目的你,而是一个戴着面具、扮演着某种角色的"社会成员"。

如果我要对于家庭问题有所说法,我定会引用瓦莱里①(Paul Valéry)的名句:"每个家庭蕴藏着一种内在的特殊的烦恼,使稍有热情的每个家庭分子都想逃避。但晚餐时的团聚,家中的随便、自由、还我本来的情感,确另有一种古代的有力的德性。"

我所爱于这段文字者,是因为它同时指出家庭生活的伟大与苦恼。一种古代的有力的德性……一种内在的特殊的烦恼……是啊,差不多所有家庭都蕴蓄着这两种力量。

试问一问小说家们,因为凡是人性的综合的、集合的形象,必得向大小说家探访。巴尔扎克怎么写高老头(Goriot)对于女儿们的关切之热烈,简直近于疯狂,而女儿们对他只是残酷冷淡;葛朗台(Grandet)一家,母女都受父亲的无情压迫,以至感到厌恶;勒·甘尼克(Le Guénic)的家庭却是那么美满。莫里亚克②(Francois Mauriac)又怎么写?在《蝮蛇结》中,垂死的老人病倒在床上,听到他的孩子们在隔室争论着分析财产问题,争论着他的死亡问题:老人所感到的是悲痛;孩子们所感到

---

① 瓦莱里,20世纪初法国诗人。
② 莫里亚克,20世纪初法国小说家。

的，是那些利害冲突而又不得不过着共同生活的人们的互相厌恶；但在《弗隆特纳克家的秘密》中，却是家庭结合的无可言喻的甘美，这种温情，有如一群小犬在狗窝里互偎取暖，在暖和之中又有互相信赖，准备抵御外侮的情操。

丢开小说再看现实生活。你将发现同样的悲喜交织……晚餐时的团聚……内在的特殊的烦恼……我们的记忆之中，都有若干家庭的印象，恰如瓦莱里所说的既有可歌可颂、又有可恼可咒的两重性格。我们之中，有谁不曾在被人生创伤了的时候，到外省静寂的宽容的家庭中去寻求托庇？一个朋友能因你的聪慧而爱你，一个情妇能因你的魅力而爱你，但一个家庭能不为什么而爱你，因为你生长其中，你是它的血肉之一部分。可是它比任何人群更能激你恼怒。有谁不在青年的某一时期说过："我感到窒息，我不能在家庭里生活下去了；他们不懂得我，我亦不懂得他们。"曼斯菲尔德①十八岁时，在日记上写道："你应当走，不要留在这里！"但以后她逃出了家庭，在陌生人中间病倒了时，她又在日记上写道："想象中所唯一值得热烈羡慕的事是，我的祖母把我安放在床上，端给我一大杯热牛奶和面包，两手交叉着站在这里，用她曼妙的声音和我说：'哦，亲爱的……这难道不愉快吗？'啊！何等神奇的幸福。"

实际是，家庭如婚姻一样，是由本身的伟大造成了错综、繁复的一种制度。唯有抽象的思想才单纯，因为它是死的。但家庭并非一个立法者独断的创造物，而是自然的结果。促成此结果的

---

① 凯瑟琳·曼斯菲尔德，新西兰出生的英国女作家。

是两性的区别,是儿童的长时间的幼弱,和由此幼弱促成的母爱,以及由爱妻、爱子的情绪交织成的父爱。我们为研究时较有系统起见,先从这大制度的可贵和可怕的两方面说起。

先说它的德性。我们可以用和解释夫妇同样的说法,说家庭的力量在于把自然的本能当作一种社会结合的凭借。联系母婴的情操,是一种完全、纯洁、美满的情操,没有丝毫冲突。对于婴孩,母亲无异神明,她是全能的。若是她自己哺育他的话,她是婴儿整个欢乐、整个生命的泉源。即使她只照顾他的话,她亦是减轻他的痛苦、增加他的快乐的人;她是最高的托庇,是温暖,是柔和,是忍耐,是美。对于母亲那方面,孩子竟是上帝。

母性,有如爱情一样,是一种扩张到自己身外的自私主义,由此产生了忠诚的爱护。因为母爱,家庭才和夫妇一样,建筑于本能之上。要一个社会能够成立,"必须先懂得爱"①,而人类之于爱,往往从母性学来。一个女人对于男人的爱,常含有若干母性的成分。乔治·桑②爱缪塞③(Muset)吗?爱肖邦④(Chopin)吗?是的,但是母爱的成分甚于性爱的成分。例外吗?我不相信。如华伦夫人⑤(Mme de Warens)、如柏尔尼夫人⑥(Mme de Berny)……母性中久留不灭的成分,常是一种保护他人的需要。女人之爱强势的男人,只是表面的,且她们所爱的,往往是强势

---

① 见阿兰《情感家庭》(Alain: *Les Sentiments Familiaux*)。——作者原注
② 乔治·桑,19世纪法国女作家。
③ 缪塞,19世纪法国诗人、小说家,乔治·桑的丈夫,后离异。
④ 肖邦,旅法波兰钢琴家,曾是乔治·桑的情人。
⑤ 华伦夫人,卢梭早年时的保护者兼情人。
⑥ 柏尔尼夫人,巴尔扎克早年的情人,比巴尔扎克年长20多岁。

男人的弱点。

　　孩子呢？如果他有福分，有一个真正女性的母亲，他也会受了她的教诲，在生命初步即懂得，何谓毫无保留而不求酬报的爱。

　　从母爱之中，他幼年便知道人间并不完全是敌害的，也有温良的接待，也有随时准备着的温柔，也有可以完全信赖而永不有何要求的人。这样开始的人生是精神上的极大的优益；凡是乐观主义者，虽然经过失败与忧患而自始至终抱着信赖人生的态度的人，往往都是由一个温良的母亲教养起来的。反之，一个恶母、一个偏私的母亲，对于儿童是最可悲的领导者。她造成悲观主义者，造成烦恼不安的人。我曾在《家庭圈》①中试着表明，孩子和母亲的冲突，如何能毒害儿童的心魂。但太温柔、太感伤的母亲，也能发生很大的恶果，尤其对于儿子，使他太早懂得强烈的、狂热的情绪。司汤达②（Stendhal）曾涉及这问题，D. H. 劳伦斯③的全部作品更与此有关。"这是一种乱伦，"他说，"这是比性的乱伦更危险的精神的乱伦，因为它不易被觉察，故本能亦不易感到其可厌。"关于这，我们在下文涉及世代关系及发生较缓的父亲问题时再行讨论。

　　既然我们试着列举家庭的德性和困难，且记住家庭是幼年时代的"爱的学习"，故我们虽然受到损害，在家庭中仍能感到特异的幸福。但这种回忆，并非是使我们信赖家庭的唯一原因。家

---

① 《家庭圈》，莫洛亚所著小说。
② 司汤达，法国19世纪小说家。
③ D. H. 劳伦斯，20世纪初英国小说家、诗人、散文家。

庭还是一个为我们能够显露"本来面目"（如瓦莱里所云）的处所。

这是一件重大的难得的德性吗？我们难道不能到处显露"本来面目"吗？当然不能。我们在现实生活中不得不扮演一个角色，采取一种态度。人家把我们当作某个人物。我们要尽官样文章般的职务，我们要过团体生活。一个主教、一个教授、一个商人，在大半的生涯中，都不能保有自己的本来面目。

在一个密切结合的家庭中，这个社会角色可以减到最低限度。试想象家庭里晚间的情景：父亲，躺在安乐椅中读着报纸，或打瞌睡；母亲织着绒线，和大女儿谈着一个主妇生活中所能遇到的若干难题；儿子中间的一个，口里哼着什么调子，读着一本侦探小说；第二个在拆卸电插座；第三个旋转着无线电周波轴①，搜寻欧洲某处的演说或音乐。这一切都不十分调和。无线电的声音，扰乱父亲的阅览或瞌睡；父亲的沉默，使母亲感到冷峻；母女的谈话，令儿子们不快，且他们也不想掩藏这些情绪，礼貌在家庭中是难得讲究的。人们可以表示不满、发脾气，不答复别人的问话；反之，也能表示莫名其妙的狂欢。家庭中所有的分子，都接受亲族的这些举动，且应当尽量的容忍。只要注意"熟习的"一词的双重意义，便可得到有益的教训②。一种熟习的局面，是常见的不足为奇的局面。

人们讲起一个朋友说"他是一家人"时，意思是在他面前可

---

① 周波轴：旧式收音机用以调电台的旋钮。
② Familier一词，作"亲密"、"熟习"解，但其语源，出于"家庭"（Famile）一词。

以亲密地应付，也即可以用在社会上被认为失礼的态度去应付。

刚才描写的那些人物，并非在家庭中感受着陶醉般的幸福，但他们在其中觉得有还我自由的权利，确有被接受的把握，获得休息，且用莫利亚克的说法，"有一种令人温暖令人安心的感觉"。他们知道是处于互相了解的人群中，且在必要时会互相担负责任。如果这幕剧中的演员有一个忽然头痛了，整个蜂房就会骚动起来：姊姊去铺床，母亲照顾病人，兄弟中的一个到药房里去。受着疾病威胁的人，在此是不会孤独的。没有了家庭，在广大的宇宙间，人会冷得发抖。在因为种种原因而使家庭生活减少了强度的国中（如美国、德国、战后的俄国），人们感到有迫近大众的需要，和群众一起思维的需要。他们需要把自己的情绪、自己的生活，和千万人密接起来，以补偿他们所丧失的这小小的、友爱的、温暖的团体。他们试着要重获原始集团生活的凝聚力，可是在一个巨大的民族中，这常是一件勉强而危险的事。

"连锁关系"且超出父母子女所形成的家庭集团以外，在古罗马族中，它不独联合着真正的亲族，且把联盟的友族、买卖上的主顾，及奴隶等一起组成小部落。在现代社会中，宗族虽然没有那样稳定——因为组成宗族的家庭散布太广了——但还是相当坚固。在任何家庭中，你可以发现来历不明的堂兄弟，或是老处女的姑母，在家庭中过着幽静的生活。在巴尔扎克的作品中，有堂兄弟邦斯，有姑母加丽德；在莫利亚克的小说中，也有叔叔、伯伯。培琪①（Charles Péguy）曾着力描写那些政界中的大族、

---

① 夏尔·培琪，近代法国神秘诗人。

学界中的大族,用着极大的耐性去搜寻氏族中的职位、名号、勋位,甚至追溯到第四代的远祖。

我用氏族这名词。但在原始氏族,和在夏天排列在海滩上的我们的家族之间,有没有区别呢?母亲在粗布制的帐篷下面监护着最幼的孩子,父亲则被稍长的儿童们围绕着钓虾。这个野蛮的部落自有它的言语。在许多家庭中,字的意义往往和在家庭以外所用的不同。当地的土语令懂得的人狂笑不已,而外地的人只是莫名其妙。好多氏族对于这种含有神秘色彩的亲密感到强烈的快意,以致忘记了他们以外的世界。也有那些深闭固拒、人无从闯入的家庭,兄弟姊妹们的童年生活关联得那么密切,以致他们永远分离不开。和外界的一切交际,于他们都是不可能的。即使他们结了婚,那些妻弟、姐夫、妹夫、嫂子等始终和陌生人一样。除了极少数能够同化的例外,他们永不会成为家庭中之一员。他们不能享受纯粹的人的权利,人家对于他们的态度也更严厉。

我们认识有些老太太,认为世界上唯一有意义的人物,只是属于自己家庭的人物,而家庭里所有的人物都是有意义的,即使他们从未见过的人亦如此。这样家庭便堕入一种团体生活的自私主义中去了。这自私主义不但是爱,而是自卫,而是对外的防御联盟。纪德①写道:"家庭的自私主义,其可憎的程度仅次于个人的自私主义。"我不完全赞成他的意见。家庭的自私主义固然含有危险,但至少是超出个人的社会生活的许多元素之一。

只是,家庭必得要经受长风的吹拂与涤荡,"每个家庭蕴藏

---

① 纪德,19世纪末、20世纪初法国作家。

着内在的特殊的烦恼"。我们已描写过家庭里的夜晚,肉体与精神都宽弛了,而每个人都回复了他的自然的动作。休息吗?是的,但这种自由把人导向何处去呢?有如一切无限制的自由一样,它会导向一种使生活变得困难的无政府状态。

阿兰①描写过那些家庭,大家无形中承认,凡是一个人所不欢喜的,对于一切其他的人都得禁止,而咕噜代替了真正的谈话:

> 一个人闻着花香要不舒服,另一个听到高声要不快;一个要求晚上得安静,另一个要求早上得安静;这一个不愿人家提起宗教,那一个听见谈政治便要咬牙切齿;大家都得忍受相互的限制,大家都庄严地执行他的权利。一个说:"花可以使我整天头痛。"另一个说:"昨晚我一夜没有合眼,因为你在晚上十一点左右关门的声音太闹之故。"在吃饭的时候,好似国会开会时一般,每个人都要诉苦。不久,大家都认识了这复杂的法规,于是,所谓教育便只是把这些律令教给孩子们。②

在这等家庭中,统治着生活的是最庸俗的一般人,正如一个家庭散步时,是走得最慢的脚步统治着大家的步伐。自己牺牲吗?是的,但也是精神生活水准的降低和堕落。证据是只要

---

① 阿兰,笔名,真名埃米尔-奥古斯都·夏蒂耶,20世纪初法国哲学家、批评家、散文家。
② 见阿兰《论幸运》(Alain: Proposurle Bonheur)。——作者原注

有一个聪明的客人共餐时，这水准会立刻重新升高。为什么？往常静悄悄的或只说一些可怜的话的人，会变得神采奕奕呢！因为他们为了一个外来的人，使用了在家庭中所不愿使用的力量。

因此，家庭的闭关自守是件不健康的事。它应当如一条海湾一样，广被外浪的冲击。外来的人不一定要看得见，但大家都得当他常在面前。这外来人有时是一个大音乐家，有时是一个大诗人。我们看到在新教徒家庭里，人们的思想如何受着每天诵读的《圣经》的熏陶。英国大作家中，许多人的作风是得力于和这部大书常常亲近的结果。在英国，女人自然而然写作得很好，这或许也是因为这宗教作品的诵读代替了家庭琐细的谈话，使她们自幼便接触着伟大的作风之故。十七世纪法国女人如赛维尼夫人、拉斐德夫人辈亦是受着拉丁教育的益处。阿兰又言，若干家庭生活的危险之一，是说话时从不说完他的句子。对于这一点，我们当使家庭和人类最伟大的作品常常亲近，真诚的宗教信仰、艺术的爱好（尤其是音乐）、共同的政治信念、共同合作的事业，这一切都能使家庭超临它自己。

一个人的特殊价值，往往最难为他家庭中的人重视，这并非因为仇视或嫉妒，而是家庭惯于在另一种观点上去观察他之故。试读勃朗特姊妹①的传记：只有父亲一人最不承认她们是小说家。托尔斯泰夫人固然认识托尔斯泰的天才；他的孩子们崇拜他，也

---

① 勃朗特姊妹，即夏洛蒂·勃朗特和艾米莉·勃朗特，19世纪英国女小说家，著有《简·爱》和《呼啸山庄》等作品。

努力想了解他。但妻子儿女，都不由自主地对于他具有一切可笑的、无理的、习惯的普通人性格，和他的大作家天才，加以同样的看法。托尔斯泰夫人所看到的他，是一个说着"雇用仆役是不应当的"一类的话而又出其不意地嘱咐预备十五位客人的午餐的人。

在家庭中，我们说过，可以还我本来。是的，但也只能还我本来而已。我们无法超临自己。在家庭中，圣者也会吃惊，英雄也无用武之地。阿兰说过："即令家庭不至于不认识我的天才，它也会用不相干的恭维以掩抑天才的真相。"这种恭维并不是因为了解他的思想，而是感到家庭里出了一个天才是一件荣誉。如果姓张姓李之中出了一个伟大的说教者或政治家，一切姓张姓李的人都乐开了，并非因为说教者的演词感动他们，政治家的改革于他们显得有益，而是认为姓张姓李的姓氏出现于报纸上是件光荣而又好玩的事。一个地理学家演讲时，若是老姑母去听讲，也并非因为她欢喜地理学，而是为爱侄子之故。

由此观之，家庭有一种使什么都平等化的平凡性。因了肉体的热情，否定了精神上的崇高，这一点足为若干人反抗家庭的解释。我以前虽引用过纪德在《尘世的食粮》一书中的诅咒："家庭，闭塞的区处，我恨你！"我并请你回忆一下他的《神童》一书中长兄劝弱弟摆脱家庭、回复自由的描写。可见，即使在最伟大、最优秀的人的生涯中，也有不少时间令人想到，为完成他的使命起见，应离开这过于温和的家，摆脱这太轻易获得的爱和相互宽容的生活。这种时候，便是托尔斯泰从家里出走以致病死的时候，也即是青年人听到"你得离开你的爸爸妈妈"的呼声的时候，也就是高更①抛妻别子、独自到泰伊蒂岛上去度着僧侣式画家生活的时候。我们之中，每个人一生至少有一次，都曾听到长兄的呼声而自以为神童。

我认为这是一种幻象。逃避家庭，即逃避那最初是自然的、继而是志愿的结合，那无异是趋向另一种并不自然的生活，因为人是不能孤独地生活的。离开家，则将走向修道院，走向文学团体，但它们也有它们的宽容、它们的束缚、它们的淡漠。不然，便如尼采一样走向疯狂。"在抽象的幻想中，是不会觉得孤独的"，正如马克·奥勒留②（Marc Aurèl）所说，明哲之道，并非是处于日常事务之外保守明哲，而是在固有的环境之下保守明哲。逃避家庭生活是容易的，可是徒然的；改造并提高家庭生活将更难而更美。只是有些时候，青年们自然而然看到家庭的束缚超过家庭的伟大，这是所谓"无情义年龄"。在此，为作进一步的讨论起见，当以更明确的方法，研究家庭内部的世代关系。

我们已叙述过这世代关系在幼婴年龄的情状。在母亲方面，那是本能的、毫无保留的温柔；在儿童方面，则是崇拜与信赖：这是正常状态。在此我们当插叙父母在儿童似乎无关重要的时期最容易犯的若干错误。最普通的是养成娇养的儿童，使儿童惯于自以为具有无上的权威，而实际上，他表面的势力只是父母的弱点所造成的。这是最危险不过的事。一个人的性格在生命之初便形成了。有无纪律这一回事，在一岁以上的儿童，你已替他铸定

---

① 高更，20世纪初荷兰后印象派画家。
② 马克·奥勒留，公元2世纪时罗马帝国皇帝、哲学家。

了。我常听见人家说（我自己也常常说）："大人对于儿童的影响是极微妙的；生就的性格是无法可想的。"

但在多数情形中，大人颇可用初期的教育以改造儿童性格，这是人们难得想到的事。对于儿童，开始便当使他养成有规律的习惯，因为凡是不懂得规律的人是注定要受苦的。人生和社会自有它们的无可动摇的铁律。疾病与工作决不会造成娇养的儿童。每个人用他的犁锄，用他的耐性和毅力，开辟出他自己的路。可是娇养的儿童，生活在一个神怪的、虚伪的世界之中；他至死相信，一颦一笑、一怒一哀，可以激起别人的同情或温柔。他要无条件地被爱，如他的过于懦弱的父母一样爱他。我们大家都知道这种娇养的老小孩，如那些因为有天才爬到了权威的最高峰的人，末了终于由一种极幼稚的举动把一切都失掉了；又如那些在六十岁时还以为眉目之间足以表现胸中块垒的女人。要补救这些，做母亲的必须在儿童开始对世界有潜默的主要概念时教他懂得规律。

阿德勒①博士（Dr. Adler）曾述及若干母亲因为手段拙劣之故，在好几个孩子中间不能抱着大公无私的态度，以致对于儿童发生极大的恶影响及神经刺激。在多数家庭中，兄弟姊妹的关系是友爱的模型，但假若以为这是天然的，就未免冒失了。仇敌般的兄弟，是自有文明以来早就被描写且是最悲惨的局面之一，这悲剧且亦永无穷尽。儿童诞生时的次序，在他性格的形成上颇有

---

① 阿德勒，20世纪初德国心理学家、弗洛伊德的学生，后去美国，创建"个体心理学派"。

重大作用。第一个孩子几乎常是娇养的。他的微笑，他的姿态，对于一对新婚的、爱情还极浓厚的夫妇，显得是新奇的、魅人的现象。家庭的注意力都集中于他。不要以为儿童自己是不觉得的；正相反，他竟会把这种注意、这种中心地位，认作是人家对他应尽的义务。

第二个诞生了。第一个所受的父母的温情，必得要和这敌手分享，他甚至觉得自己为了新生的一个而被忽视，而感到痛苦。做母亲的呢，她感到最幼弱的一个最需要她，这也是很自然的情绪。她看着第一个孩子渐渐长大，未免惆怅，把大部分的爱抚灌注到新生的身上去了。而对于那刚在成形的幼稚的长子，这确是剧烈的变动。深刻的悲哀，留下久难磨灭的痛苦的痕迹。儿童的情绪甚至会到悲剧化的程度，他们会诅咒不识趣的闯入者，诅咒他早死，因为他把他们所有的权威都剥夺了。有的想以怨艾的办法，去重博父母的怜惜。疾病往往是弱者取胜的一种方法。女人用使人垂怜的法子，使自己成为她生活圈内的中心，已是人尽皆知的事，但儿童也会扮演这种无意识的喜剧。许多孩子，一向很乖的，到了兄弟诞生的时候，会变得恶劣不堪，做出各式各种的丑事，使父母又是吃惊又是愤怒；其实他们是努力要大人去重视他们。阿德勒博士确言（我也相信如此），长子（或长女）的心理型，其终生都是可以辨识的。第一个生的，常留恋以往；他是保守的，有时是悲哀的；他爱谈起他的幼年，因为那是他最幸福的时期，次子（或次女）却倾向于未来的追求，因为在未来他可以超越长兄（或长姊）。他常是破坏主义者，常是善于嘲弄的人。

最幼的季子，也是一个娇养的孩子，尤其当他和长兄们年纪差得很远的时候，他更幸福，因为他所享的优遇永没有别的幼弟妹去夺掉他了。他也被长兄们优遇，他们此时抱着和父母差不多的长辈的态度。他是被"溺爱"的。这种孩子长大时，往往在人生中开始便顺利，能够有所成就，因为他有自信力；以后，和长兄长姊们一起生活时，他受着他们的陶冶而努力要迅速追出他们；他本是落后的，必得要往前力追①。

父母在好几个孩子中间，应该把母爱和父爱极力维持平等。即使事实上不是如此（因为各个孩子的性格、其可爱的程度，总不免有所差别），也得要维持表面上的平等。且要避免使儿童猜着父母间的不和。你们得想一想，在儿童脑海中，父母的世界不异于神仙的世界，一旦在这世界中发现神仙也有战争时，不将令儿童大大难堪吗？先是他们感到痛苦，继而是失去尊敬之心。凡是那些在生活中对任何事物都要表示反抗的男人或女人，往往在幼年时看到极端的矛盾，即父母们一面告诫他不要做某种事，一面他们自己便做着这种事。

一个轻视她母亲的女孩子，以后将轻视一切女人。一个专横的父亲，使他的儿女们，尤其是女儿，把婚姻看作一件可怕的苦役。"真能享受家庭之乐的父亲，能令儿女尊敬他。他也尊敬儿女，尽量限令他们遵守纪律，可不过分。这种父母，永不会遇到儿女们要求自由独立的可怕的时候。"② 童年到青年的过渡时期，

---

① 见阿德勒博士著《儿童教育》。——作者原注
② 见 Bertrand Russel：*On Education*。——原注

得因了这种父母、为了这种父母,而以最小限度的痛苦度过。他们比有专暴的父母,快乐多了。"没有丝毫专制而经温柔澄清了的爱,比任何情绪更能产生甘美的乐趣。"

以上所述,是应当避免的障碍。以下我们再来讨论世代的正常关系。

母子这一个社会,在人生中永为最美满的集团之一。我们曾描写女人如何钟爱幼龄的小上帝。在中年时,尤其当父亲亡故以后,他们的关系变得十分美满了,因为一方面是儿子对于母亲的尊敬;另一方面是母亲对于这新家长的尊重和对儿子天然的爱护。在古代社会或农业社会中,在母亲继续管理着农庄的情形中,上述那种美妙的混合情感更为明显。新家庭与旧家庭之冲突,有时固亦不免。一个爱用高压手段的母亲,不懂得爱她的儿子,不能了解儿子以后的幸福在于和另一个女人保持美满的协调:这是小说家们常爱采用的题材。D. H. 劳伦斯,我们说过,传达此种情境最为真切。还有如吉尼特丽克丝①那种典型的母亲(在现实生活中,罗斯金夫人②便是一个好例)能够相信她加于儿子的爱是毫无性欲成分的,实际上可不然。"当罗斯金夫人说她的丈夫早应娶她的母亲时,她的确说得很对。"而 D. H. 劳伦斯之所以能描写此种冲突如是有力,因为他也是其中的一员之故。

母女之间,情形略有不同了。有时能结成永久的友谊:女儿

---

① 吉尼特丽克丝,莫里亚克同名小说中的女主人公。
② 罗斯金夫人,19世纪英国大批评家罗斯金的夫人。

们，即是结了婚，也离不开她们的母亲，天天继续着去看她，和她一起过生活。有时是相反，母女之间发生了一种女人与女人的竞争，或是因为一个年轻而美貌的母亲嫉妒她的娇艳的女儿长大成人，或是那个尚未形成的女儿嫉妒她的母亲。在这等情形中，自然应由两人中较长的一个，母亲，去防范这种情绪的发生。

父爱则是一种全然不同的情感。在此，天然关系固然存在，但不十分坚强。不错，父亲之中也有如高老头①型的人物，但正因为我们容受母亲的最极端的表象，故我们把高老头型的父亲，认为几乎是病态的了。我们知道，在多数原始社会中，儿童都由舅父教养长大，以致父亲简直无关紧要。即在文明的族长制社会中，幼儿教育亦由女人们负责。对于幼龄的儿童，父亲只是战士、猎人，或在今日是企业家、政治家，只在晚餐时分回家，且还满怀着不可思议的烦虑、计划、幻想。

在杜哈曼②（Geoges Duhamel）的一部题作《哈佛书吏》的小说中，你可看到一个安分守己如蜜蜂似的母亲和一个如黄蜂似的理想家父亲之间的对照。

因为父亲代表外界，故使儿童想着工作。他是苛求的，因为他自己抱着大计划而几乎从未实现，故他希望儿子们能比他有更完满的成就③。如果他自己有很好的成功，他将极力压榨他的孩子，期望他们十全十美；然而他们既是人类，终不能如他预期的那样，于是他因了热情过甚而变得太严了。他要把自己的梦想传

---

① 巴尔扎克小说中的主人翁，见前。
② 杜哈曼，20世纪初法国作家。
③ 见阿兰《情感家庭》（Alain：*Les Sentiments Familiaux*）。——作者原注

授给他们，而终觉得他们在反抗。以后，有时如母女之间的那种情形，我们看到父与子的竞争；父亲不肯让步，不肯放手他经营的事业的管理权；一个儿子在同一行业中比他更能干，使他非常不快。因此，好似母子形成一美满的小集团，父亲和女儿的协调倒变得很自然了。在近世，托尔斯泰最幼的女儿，或是若干政治家外交家们的女儿，成为她们父亲的秘书和心腹，便是最好的范例。

  凡是在父母与子女之间造成悲惨的误解的，常因为成年人要在青年人身上获得只有成年人才有的反响与情感。做父母的看到青年人第一次接触了实际生活而发生困难时，回想到他们自己当时所犯的错误，想要保护他们的所爱者，天真地想把他们的经验传授给儿女。这往往是危险的举动，因为经验差不多是不能传授的。任何人都得去经历人生的一切阶段；思想与年龄必得同时演化。有些德性和智慧是与肉体的衰老关联着的，没有一种说辞能够把它教给青年。马德里①（Madrid）国家美术馆中有一幅美妙的早期绘画，题作《人生的年龄》，画面上是儿童、少妇、老妇三个人物。老妇伏在少妇肩上和她谈话，在劝告她。但这些人物都是裸体的，故我们懂得，忠告是一个身体衰老的人向着一个身体如花似玉的人发的，因此是白费的。

  经验的唯一的价值，因为它是痛苦的结果，为了痛苦，经验在肉体上留下了痕迹；由此，把思想也转变了。这是实际政治家的失眠的长夜，是和现实的苦斗；那么，试问他怎么能把此种经

---

① 马德里，西班牙首都。

验传授给一个以为毫不费力便可改造世界的青年理想家呢？一个成年人又怎么能使青年接受"爱情是虚幻的"这种说法呢？波罗涅斯①（Polonius）的忠告是老生常谈，但我们劝告别人时，我们都是波罗涅斯啊。这些老生常谈，于我们是充满着意义、回想和形象的。对于我们的儿女，却是空洞的、可厌的。我们想把一个二十岁的女儿变成熟女，这在生理学上是不可能的。伏温纳葛②（Vauvenargues）曾言："老年人的忠告有如冬天的太阳，虽是光亮，可不足令人温暖。"

由此可见，在青年人是反抗，在老年人是失望。于是，两代之间便产生了愤怒与埋怨的气氛。最贤明的父母会用必不可少的稚气来缓和这种愤懑之情。你们知道克罗台③（Paul Claudel）所译英国诗人巴特摩尔（Coventry Patmore）的《玩具》一诗吗？一个父亲把孩子痛责了一顿，晚上，他走进孩子的卧室，看见他睡熟了，但睫毛上的泪水还没有干。在近床的桌子上，孩子放着一块有红色纹理的石子、七八只蚌壳，一个瓶里插着几朵蓝铃花，还有两枚法国铜币，这一切是他最爱的，排列得很有艺术，是他在痛苦之中以之自慰的玩具。在这种稚气前面，看到这动人的弱小的表现，父亲懂得了儿童的灵魂，忏悔了。

尤其在孩子的青年时代，我们应当回想起我们自己，不要去伤害那个年龄上的思想、情感、性情。做父母的要有此种清明的

---

① 波罗涅斯，莎剧《哈姆雷特》中的人物，他对于儿女们的劝告是以高贵著名的。
② 伏温纳葛，18世纪法国伦理学家。
③ 克罗台，20世纪初法国诗人，与瓦莱里齐名。

头脑是不容易的。在二十岁上，我们中每个人都想："如果有一天我有了孩子，我将和他们亲近；我对于他们，将成为我的父亲对于我不曾做到的父亲。"五十岁时，我们差不多到了我们的父母的地位，做了父亲或母亲，于是轮到我们的孩子来希望我们当年所曾热切希望的了，变成了当年的我们以后，当他们到了我们今日的地位时，又轮到另一代来作同样虚幻的希望。

你们可以看到，在青年时期，伤害与冲突怎样的形成了所谓"无情义年龄"。在初期的童年，每人要经过一个可以称为"神话似的"年龄：那时，饮食、温暖、快乐都是由善意的神仙们赐与的。外界的发现、必需劳作的条件，对于多数儿童是一种打击。一进学校，生活中又添加了朋友，因了朋友，儿童们开始批判家庭。他们懂得，他们心目中原看作和空气水分同样重要的人物，在别的儿童的目光中，只是些可怪的或平庸的人。"这是整个热情的交际的新天地。子女与父母的联系，即不中断，也将松懈下来。这是外界人占胜的时候，外人闯入了儿童的灵魂。"①这也是儿童们反抗的时候，做父母的应当爱他们的反抗。

我们曾指出，一切家庭生活所必有的实际色彩与平凡，即使宗教与艺术，也无法使它升华。青年人往往是理想主义者，他觉得被父母的老生常谈的劝告所伤害了；他诅咒家庭和家庭的律令；他所希望的是更纯粹的东西；他幻想着至高至大至美的爱；他需要温情，需要友谊。这是充满誓言、秘密、心腹话的时候。

而且，这也往往是失望的时候，因为誓言没有实现、心腹的

---

① D. H. 劳伦斯语。——作者原注

告白被人欺弄、爱人不忠实。青年人处处好胜，而他所试的事情件件都弄糟了，于是他嫉恨社会。但他的嫉恨，是由他的理想的失望、他的幻梦与现实之不平衡造成的。在一切人的生活中，尤其在最优秀的人的生活中，这是一个悲惨的时期。青年是最难度过的年龄；真正的幸福，倒是在成年时期，机会较多。幸而，恋爱啊，继而婚姻啊，接着孩子的诞生啊，不久使这危险的空洞的青年时期得到了一个家庭的实际的支撑。"靠着家庭、都市、职业等的缓冲，傲慢的思想和现实生活重新发生了关系"①，这样又一轮循环在下一代人身上重复开始。

为了这些理由，"无情义年龄"最好大半在家庭以外度过。在学校里所接触的是新发见的外界，而家庭，在对照之下，显得是一个借以托庇的隐遁所了。如果不能这样，那么得由父母回想他们青年时代的情况，而听任孩子们自己去学习人生。也有父母不能这样而由祖父母来代替的，因为年龄的衰老，心情较为镇静，也不怎么苛求，思想也更自由，他们想着自己当年的情况，更能理解新的一代。

在这篇研究中，我们得到何种实用的教训呢？第一是家庭教育对于儿童的重要，坏孩子的性格无疑地可加以改造，有时甚至在他们的偏枉过度之中，可以培养出他们的天才；但若我们能给予他一个幸福的童年，便是替他预备了较为容易的人生。怎样是幸福的童年呢？是父母之间毫无间隙，在温柔地爱他们的孩子时，同时维持着坚固的纪律，且在儿童之间保持着绝对一视同仁

---

① 见阿兰《理想》（Alain：*Idées*）。——作者原注

的平等态度。更须记住，在每个年龄上，性格都得转变，父母的劝告不宜多，且须谨慎从事；以身作则才是唯一有效的劝告。还当记住，家庭必须经受大千世界的长风吹拂。

说完了这些，我们对于"家庭是否持久的制度"的问题应得予以结论了。我相信，家庭是无可代替的，理由与婚姻一样：因为它能使个人的本能变成社会的情感。我们说过，青年时离开家庭是有益的，但在无论何种人生中，必有一个时期，一个男人在经过了学习时期和必不可少的流浪生活之后，怀着欣喜与温柔的情绪，回到这最自然的集团中去。在晚餐席的周围，无论是大学生、哲学家、部长、兵士，或艺术家，在淡漠的或冷酷的人群中过了一天之后，都回复成子女、父母、祖父母，或更简单地说，都回复了人。

傅雷　译

论家庭

[英] 伯特兰·罗素

伯特兰·罗素（Bertrand Russell, 1872—1970），英国哲学家、数学家、逻辑学家、历史学家、散文家，重要著作有《数学原理》《物的分析》《西方哲学史》《婚姻与道德》和《幸福之路》等，曾获1950年诺贝尔文学奖（获奖作品是《婚姻与道德》）。此处辑录的是《婚姻与道德》（1949）中的第十三、十四、十五章，题目系编者所加，文中标题为原书所有。

这三章的论题分别是："现代家庭"、"个人心理中的家庭"和"家庭与国家"。在"现代家庭"一章里，探讨的问题是：为什么现代家庭会呈衰落趋势，这是必然的吗？（即从历史、文化的角度探讨家庭问题）在"个人心理中的家庭"一章里，探讨的问题是：家庭关系对孩子、对母亲、对父亲的个人性格会有何种影响？（即从心理学的角度探讨家庭问题）在"家庭与国家"一章里，探讨的问题是：国家能在何种程度上干预家庭生活？或在何种程度上取代家庭的某些功能？（即从社会、政治的角度探讨家庭问题）诚然，作者探讨的有些问题，如苏维埃俄国对家庭进行的"革命"，今天看来已不是什么问题（苏联已解体，苏维埃革命早已销声匿迹），但这里涉及的绝大多数问题,至今仍具有现实意义,值得关注,值得思考。

现 代 家 庭

现在,读者也许已经忘记,在第二和第三章中,我们曾讨论过母亲和父亲家庭,以及家庭与古代性道德观的关系。现在我们要继续讨论家庭问题,因为家庭是限制"性自由"的唯一合理根据。人们普遍认为性和罪是有联系的,这种联系虽然不是古代基督教徒的发明,但确实为他们所充分利用,而且现已成为我们大多数人自动的道德判断中的一部分。我不想多费精力去讨论神学上的观念,因为按照这种观念,性中间存在着某些恶的东西,而这些东西只能通过那种以孩子为目的的婚姻结合来消灭。我们现在所要讨论的问题是,孩子们的利益要求性关系巩固到何种程度。这就是说,我们必须把家庭看成是稳定的婚姻的理由。这绝不是一个简单的问题。显而易见,一个孩子作为家庭成员所得到的利益依赖于以下的代替法:我们应当拥有一批极好的育婴堂,这些育婴堂应能胜过绝大多数家庭。我们还要注意父亲在家庭生活中是否起主要作用,因为女性的道德被视为对家庭至关重要全是由于父亲的缘故。我们必须研究家庭对孩子个人心理的影响——这是弗洛伊德曾用不正当的精神讨论过的问题。我们必须注意经济制度在提高或减少父亲的重要性方面所具有的影响。我们必须问自己,我们是否应当希望国家取代父亲,甚至像柏拉图所说的那样,取代父亲和母亲。而且即使我们都认为在正常情况下父母能为孩子提供最好的环境,我们还必须注意其他许多情况，因为有时某一方不能承担父母的职责，或者双方都不适合，为了孩子的利益，那还是分开为好。

在那些根据神学而反对性自由的人中间，流行着一种反对离婚的论调，因为在他们看来，离婚是不利于孩子的。不过这种论调并不地道，因为既然主张这种论调的人是有神学思想的，那他们不但不能容忍离婚，也不能容忍避孕，即使一方父母有性病，而且孩子们也许会染上性病，也不能容忍。这类事情表明，如果仅仅为了孩子的利益而走向极端，那这只能是残酷的借口而已。总之，有关婚姻和孩子利益的关系问题，需要公正地去探讨，同时也要认识到，有关这一问题的答案绝不是一下子就能得到的。因此，对于这个问题，还是概括地说几句为好。

家庭是一种人类以前的制度，它之所以存在，从生理的角度来看，是因为在怀孕和哺乳期间，父亲的帮助是孩子生存的必要条件。但是，正如我们从特罗布里恩德岛的岛民们那里所看到的，而且从类人猿的情况中也可以得出同样的结论，这种帮助，在原始的情况下，并不是父亲存在的理由，这是和文明社会所不同的一点。原始的父亲不知道孩子和他有生理上的联系，以为孩子只是他所爱恋的女人的后裔。这是他所知道的事实，因为他曾亲眼看到孩子的降生，正是这一事实产生了他与孩子之间的本能的联系。在这个阶段，男人在保护他妻子的贞操时，并不注意生理上的重要性，虽然当他发现他妻子另有新欢时，也会产生本能的妒忌。而且在这一阶段，他并不把孩子当成财产。孩子是他妻子及其兄弟的财产，他与孩子的关系只是感情上的关系。

随着智力的发展，人类迟早会吃伊甸园中那智慧之树上的果子。男人开始意识到孩子是他播种的结果,因此他必须保证他妻子的贞操。于是妻子和孩子成了他的财产,而且在经济发展的某个阶段中,他们也许是极有价值的财产。他通过宗教使妻子和孩子对他产生责任感。对于孩子,这种责任感尤其重要,因为他虽然比年幼的孩子健壮,但他终究是要衰老的,而他们则将进入生机勃勃的成年期。到那时,他们应当孝敬他,这对于他的幸福是至关重要的。关于这个问题的那句圣训是骗人的鬼话。它应当这样说:"孝敬你的父母,让他们在这块土地上生活得长久些。"古代文化中存在的杀父母的恐怖对我们并无多大影响,因为一种我们不会想象自己会犯的罪行,如吃人肉的行为,是不能使我们真的感到恐怖的。

使家庭进入鼎盛时期的,是古代畜牧和农业社会的经济条件。当时,大多数人都得不到奴隶,因此,获得劳动者的最便利的途径就是繁殖劳动者。为了使孩子们确信他们应当为他们的父亲干活,他们不得不借用宗教和道德的全部力量,使家庭成为一种神圣的机构。逐渐地,长子继承权把家庭单位扩展为若干附属的小家庭,并且提高了一家之主的权力。君主和贵族主要就是依据于这一思想,甚至连神祇也不例外,因为宙斯是神和人的父亲。

这样,文化的发展增加了家庭的力量。然而,从这时起,也出现了一种相反的现象。西方世界的家庭已经变得模糊不清了。家庭衰落的原因,一部分是经济的,一部分是文化的。充分发展的家庭,无论对于城市居民还是对于以航海为业的人,都不是很适合的。除了现代之外的各个时代,贸易历来是文化发展的主要因素，因为贸易可以使人们与其他民族的风俗习惯发生联系，并能使人们克服种族偏见。因此，我可以看到，在以航海为业的希腊人中，家庭约束比在他们同时代的人们当中要少得多。另外，我们还可以在威尼斯、荷兰和女王伊丽莎白时代的英国，看到航海对于摆脱家庭束缚的影响。当然，这些大都是题外话。唯一与我们有关的是，当家庭某一成员长期外出，而其他成员留在家中时，他无疑摆脱了家庭的约束，而家庭的力量也就相应地减弱了。农村人口涌入城市（这是文化增长时期的特点），也会产生和海上贸易一样的结果，即减少家庭的力量。另一种影响是奴隶制，在下层社会中，这种影响也许更为重要。主人很少关心他的奴隶的家庭关系。他可以按照他的意愿把男女奴隶配为夫妻，当然，他也可以和任何他喜欢的女仆进行性交。诚然，这些影响是不会削弱贵族家庭的，因为贵族家庭的建立是依据对于门第的欲望，以及古代城市生活中所特有的家族之争的胜利——这很像中世纪下半叶和文艺复兴时代意大利的城市生活。然而，在罗马帝国最初的世纪中，贵族制度曾失去过它的地位，因为最终获胜的基督教起初是一种奴隶和无产阶级的宗教。以前家庭在社会各阶级中的力量所以减弱，无疑是因为古代基督教反对家庭，而且规定了一种把家庭放在次要位置上的道德标准的缘故，其位置之低，是以前的道德标准中所没有的，只有佛教的道德标准除外。在基督教的道德标准中，重要的不是人与人的关系，而是灵魂和上帝的关系。

然而，佛教的情况却提醒我们不能过于强调宗教的纯粹经济上的原因。我并不十分清楚，当佛教传播的时候，印度是怎样一种情况，而佛教之所以注重个人的灵魂是不是由于经济的原因，同时我也十分怀疑，当时是否存在着这种原因。其实，当初佛教盛行于印度时，它原是一种掌权者的宗教，所以有关家庭的思想按理应当对他们比对任何其他阶级更为有利。不过，后来人们开始普遍轻视现实世界而寻求灵魂拯救；结果，在佛教的道德标准中，家庭处于一种极不重要的位置。除了穆罕默德之外，所有伟大的宗教领袖——如果孔教可以称为宗教，孔子也在其列——一般都对社会和政治十分冷淡，因为他们的目的在于通过反省、训诫和自我否定使灵魂达到尽善尽美的程度。有史以来所产生的那些宗教与有史以前的宗教相反，它们都是个人主义的，而且都认为，一个人可以在孤独的生活中履行他的一切责任。当然，这些宗教也都说，如果一个人有社会关系，他必须履行那些与社会关系有关且为人们所承认的责任，但是它们一般都不把社会关系的结构视为责任之内的事。这一点尤其适用于基督教，因为基督教对于家庭历来持反对态度。我们在《圣经》中可以看到这样的话，"爱父母胜过爱我者，不配做我的门徒。"这句话的意思是，一个人应当做他认为是正确的事情，即使他的父母认为是错误的——这种观念是古罗马人和旧式的中国人所不能接受的。基督教中这种个人主义的色彩逐渐削弱了一切社会关系，尤其是在那些最热心的人中间。这种影响在天主教中比在新教中要小，因为在天主教中，包含在我们应当服从上帝而不是服从人这样一个原则中的混乱成分最为显著。服从上帝实际上意味着服从良心，但人们的良心是不同的。因此，当良心和法律之间发生冲突时，真正的基督徒将会感到应该尊重、服从自己的良心，而不是法律的命令。在古代文化中，父亲就是上帝，而在基督教中，上帝则是神父，结果，父亲的权威被削弱了。

现代家庭的衰落无疑主要是由于工业革命的影响，但是这种衰落早在工业革命之前就已经开始了，家庭衰落起源于个人主义的理论。年轻人都坚持按照自己的意愿，而不是依从父母之命选择配偶的权利。已婚的儿子住在父母家中的风俗已经不复存在了。儿子从学校一毕业就要离家谋生，这已成为一种习惯。过去，只要儿童可以在工厂做工，他们就会成为父母生计的财源之一，直到他们死于过度劳累，但是《工厂法令》已经取消了这种剥削形式，虽然那些以此为生的人对此表示抗议。从此，孩子从谋生工具变为经济负担。在这个阶段，人们学会了避孕法，于是人口出生率开始下降了。人们普遍认为，在各个时代，人类都是视他们的收入情况而生育孩子的。无论如何，这种说法适用于澳大利亚的土著居民、兰开夏的纺织业工人和英国的贵族。我不敢断言这种观念可以用理论来确定，但它的确与事实相去无几。

现代家庭的地位由于国家的作用而大为降低，即使是最牢固的家庭也不例外。在家庭的鼎盛时期，一个家庭包括年迈的父亲、若干成年的儿子，以及他们的妻子儿女——也许还有更小的辈分。所有这些人同处一幢房子，大家通力合作，就如一个经济单位。他们联合起来一致对外，就像现代军国主义国家的国民一样。今天，家庭成员仅限于父母和他们年幼的孩子，而且即使是这些孩子，也根据国家的法律规定，把大部分时间用在学校中，学习国家认为有益于他们，而不是父母所希望于他们的事情（当然，宗教是一个例外）。现在，英国的父亲非但不能像罗马的父亲那样拥有对于孩子的生杀之权，而且如果他按照一百年前大多数父亲认为是不可或缺的道德观去对待孩子，他还会被指控犯有虐待罪。如果父母一贫如洗，国家会免费提供医疗帮助，并供给孩子食物。这样，父亲的作用就被降到最低限度，因为父亲的作用大都被国家取代了。随着文明的进步，这是不可避免的。在原始状态中，父亲是必不可少的，就像飞禽和类人猿中的父亲一样。由于经济原因，以及为了保护孩子和孩子的母亲免遭伤害，父亲的确是不可缺少的。后一个作用早已被国家取代了。一个丧父的孩子，大概不会比一个父亲健在的孩子易受伤害。至于父亲的经济作用，对有产阶级来说，父亲去世比父亲健在，其效果更佳，因为如果他没有为自己的生活费用而花光所有的钱的话，他会把财产留给他的孩子。在那些靠工资生活的人中间，父亲还是有经济功用的，但是就整个雇佣劳动者而言，这种功用正由于社会人道主义的观念而不断减少着，因为这种观念主张，孩子应当得到一定程度的照顾，即使他没有父亲方面的经济帮助。现在，最具有重要意义的父亲存在于中层阶级中，因为只要他活着并有丰厚的收入，他就能使他的孩子得到那费用昂贵的教育，而这种教育又将使他们保持住他们的社会地位和经济地位，反之，如果他去世，而孩子们还很幼小，这些孩子就很有可能失去他们的社会地位。然而，这种危险可以通过人寿保险的方式大大减少，因为通过这种方式，即使在自食其力的阶级中，一个有远见的父亲也可以大大减少他的功用。

  在当代世界，绝大多数父亲都因忙于工作而不能常见到他们自己的孩子。早上，他们因急于上班而无暇与孩子们交谈；晚上，当他们回到家时，孩子们已经（或者应该）上床了。人们时常听到这样的说法，即孩子们心目中的父亲只是"一个前来过周末的人"。父亲很少能参加照看孩子的繁重工作，事实上，这种责任是由母亲和教育工作者分担的。毫无疑问，父亲对于自己的孩子常有一种很强烈的感情，尽管他很少有时间与他们相处。每逢星期天，在伦敦所有的贫民区中，人们都可以看到许多父亲和他们的孩子在一起，而且可以看到他们因能有这短暂的机会与孩子们相处而感到由衷的高兴。但是，无论父亲怎样想，从孩子的观点出发，这只是一种没有重要意义的游戏关系而已。

在上层社会和以职业为生的阶级中，人们的习惯是，当孩子还很小的时候就把孩子交给保姆，以后再把他们送去上学。母亲负责选择保姆，父亲负责挑选学校，这样他们就完整地保持了他们控制孩子的思想，而这是工人阶级的父母所做不到的。但是就密切交往而言，母亲和孩子之间的关系在大户人家通常不如在雇佣劳动者家密切。大户人家的父亲虽然在节假日与他们的孩子有游戏关系，但是他们对于孩子的实际教育并不比工人阶级的父亲多。当然，他们负有经济上的责任，而且能够决定孩子受教育的地点，但是他们与孩子的个人接触并不具有特别重要的意义。

当孩子进入青春期时，父母和孩子之间很容易发生冲突，因为后者认为他自己已经完全能够管理他自己的事情，而前者则依然充满父母所固有的担心，这种担心往往是爱好权力的伪装。做父母的通常都认为，孩子青春时代的各种道德问题是他们特权范围之内的事情。然而，他们所发表的意见往往是极武断的，以至于年轻人很少能接受，于是他们总是悄悄地按照自己的想法行事。因此，我们不能说，在这个时代大多数父母是非常有用的。

到此为止，我们所讨论的只是现代家庭的不足之处。现在我们该讨论家庭依然强有力的地方了。

今天，家庭所以重要，主要是因为它能使父母获得情感。父母的情感无论对于男人还是对于女人，恐怕都是最重要的东西，因为它最能影响人类的行为。有孩子的男女通常都是主要根据孩子来规划他们的生活，而且孩子最能使普通男女的行为在某些方面变得无私，其中人寿保险恐怕要算是最明确、最显著的例子了。一百年以前在经济上负有责任的人，在教科书中是没有孩子的，尽管这种人在经济学家们的想象中无疑是有孩子的。然而，这些经济学家却想当然地认为，他们所假设的那种普遍的竞争，在父子之间是不存在的。人寿保险的心理显然完全在经典政治经济学所说的动机之外。但是，这种政治经济从心理上说并不是自动的，因为一个人对于财产的欲望是与父母的感觉密切相关的。里弗斯①甚至说，所有的私人财产都起源于家庭感。他指出，鸟类只是在孵卵的时候才有私产，而其他时间是没有的。我相信，大多数人都会证明，他们有孩子以后比有孩子以前要贪得多。这种结果，通俗点说，是属于本能的，这就是说，它是自动的，是从下意识中产生的。我认为，从这一点上来看，家庭对于人类的经济发展具有极其重要的意义，而且也是那些富人所以攒钱的主要因素。

---

① 威廉·里弗斯，19世纪末、20世纪初英国心理学家，有《亲属与社会组织》等论著。

对于这一点，父子之间常出现一种奇特的误会。一个在公司努力工作的人会对他那个游手好闲的儿子说，他一生做苦工全是为了他的孩子。然而，那儿子宁愿现在就得到一张金额不大的支票和些微的爱抚之情，也不愿在他父亲死了之后得到一大笔遗产。而且，那儿子还清楚地意识到，他父亲到城里上班，完全是由于习惯的支配，而不是出于爱子之心。因此，那儿子就断定他父亲是个骗子，正像那父亲认为他儿子是个不肖之子一样。然而，那儿子是不公正的。他只看见他父亲在中年时所形成的一切习惯，而没有看到那形成习惯的无形的和无意识的原因。那父亲在青年时代也许遭受过贫困的磨难，所以当他的头一个孩子呱呱落地时，他的本能使得他发誓说，他的孩子绝不能再遭受他所经历过的痛苦。这种决心是庄重而又富有生命力的，因此用不着有意识地再三重复，即使不再重复，这种决心也会永远支配父亲的行动。这就是家庭所以仍然具有极大力量的原因之一。

　　按照孩子的观念，那关于父母的重要事情，就是孩子可以从父母那里得到除了他的兄弟姐妹之外别人所得不到的爱抚。这一部分是善的，一部分是恶的。我打算在下一章里讨论家庭对于孩子心理上的影响。因此，关于这个问题，我现在只想再说一句：毫无疑问，父母的爱抚在孩子的性格形成中是非常重要的，不在父母身边长大的孩子必然与正常的孩子非常不同，且不管这不同是好是坏。

　　在贵族社会或是在任何容纳卓越人才的社会中，家庭对于某些重要人物来说，是与历史的延续性相连接的标志。调查表明，那些起名叫达尔文的人，在科学方面要比那些在婴孩时期把名字改为斯努克斯的人更有造就些。我认为，如果人们的姓根据于母系而不是根据于父系，这种做法的结果将和我们现在一样卓有成效。虽然我们根本不可能对遗传和环境的成分做出这样的划分，我仍然完全相信，家庭的传统在高尔顿①和他的学生所说的那些遗传现象中起着极其重要的作用。我们也许可以用导致塞缪尔·巴特勒②创立他的无意识记忆学说并推崇"新拉马克派"的遗传理论的因素作为家庭传统影响的例子。造成上述情况的因素是，由于家族上的一些原因，塞缪尔·巴特勒认定他必须反对查尔斯·达尔文。他的祖父（好像）和达尔文的祖父争论过，他的父亲也和达尔文的父亲争论过，所以他也必须和达尔文争论。萧伯纳所以撰写《麦修彻拉》，也正是因为达尔文和巴特勒都有一个性情古怪的祖父。

在当今普遍实行避孕的时代，家庭最大的意义也许在于它能保持生孩子的风俗习惯。如果一个人看不到孩子的用处，而且又没有机会和孩子发生密切的关系，他就会感到生孩子没什么必要。当然，如果我们把现有的经济制度稍微改变一下，家庭的成员也许只剩下母亲了，但是我现在所要讨论的并不是这种家庭，因为这种家庭与性道德毫无关系，所以与我们目前讨论有关的，只是那种能够造成稳固婚姻的家庭。也许——我认为这不是不可能的——除了大户人家之外（如果社会主义允许富人存在的

---

① 弗朗西斯·高尔顿，系达尔文的表兄，英国维多利亚时代的一位通才，既是人类学家、优生学家、心理学家，又是热带探险家、地理学家、发明家、气象学家、统计学家。
② 塞缪尔·巴特勒，19世纪英国作家、学者，达尔文进化论的反对者。

话），父亲不久就会被完全取代。这样，女人就可以和国家，而不是和父亲，共同哺养孩子了。她们想要多少孩子就可以要多少孩子，而且父亲也不必负责任了。的确，如果母亲乱交成性，父亲的身份就会很难确定。但是，如果真的出现这种情况，它必然会使人们的心理和活动产生深刻的变化，其深刻程度，我认为，将远远超出大多数人的想象。至于这种影响对于人类有益无益，我不敢妄加评说。它将从人们的生活中消除那种与性爱同样重要的唯一情感，它将使性爱本身变得更加微不足道。它将使人们对于自己死后的事情更难发生兴趣。它将减少人类的活动，也许还会使人们提前退休。它将消除人们对于历史的兴趣以及对于历史传统的延续感。同时，它还将消除文明人所特有的那种极凶残、极野蛮的狂热，即在保护妻子儿女不受有色人种攻击时所具有的那种热情。我认为，它还会使人们减少对于战争的兴趣，也许还会使他们变得不那么贪婪。把好的影响和坏的影响做一番结算怕是不可能的，但影响的深刻性和广泛性则是不容置疑的。因此，父权家庭还是重要的，尽管谁也说不准它将维持多久。

个人心理中的家庭

　　在这一章里，我想讨论家庭关系对于个人性格的影响。这个题目可以分成三部分：对孩子的影响，对母亲的影响，对父亲的影响。当然，这三部分很难截然分开，因为家庭是一个严密的组织单位，所以凡是可以影响父母的，同时也可以影响孩子。尽管如此，我还是打算把这个问题分成三部分来讨论，而且自然应当从孩子开始，因为每一个人在成为父母之前，在家庭中都是孩子。

如果我们相信弗洛伊德的话，那么孩子对于其他家庭成员的情感，似乎有点敌对的特点。一个男孩恨他的父亲，因为他把父亲视为他的情敌。他对他的母亲怀有一种为传统道德所极其憎恶的情感。他恨他的兄弟姐妹，因为他们吸引了父母的一部分注意力，而他只希望父母的注意力能够全部集中在他一人身上。在以后的生活中，这种混乱情感的后果是极复杂、极可怕的，好则同性恋，坏则躁狂症。

弗洛伊德的这种说法并没有引起多大恐慌，这很出乎人们的意料。诚然，一些教授由于相信这种学说而被开除，并且英国警察当局竟把当代杰出的人物霍默·莱恩送去流放，原因是他实行了弗洛伊德的学说。但是，由于基督教禁欲主义的影响，人们对于弗洛伊德强调性的做法，比对他关于婴儿仇恨心理的描写更要感到震惊。然而，我们对于弗洛伊德有关孩子情感的观点的真伪，必须做出公正的评价。首先我要承认，最近几年有关孩子的大量试验使我认识到，弗洛伊德的理论中所含有的真理比我以前所想象的要多得多。尽管如此，我仍然认为，弗洛伊德的理论仅代表真理的一个方面，而且就是这个方面，只要父母们多少有点知识，也会很容易变得极为普通。

让我们先从俄狄浦斯情结谈起。婴儿的性欲无疑比弗洛伊德之前的任何人所想象的都要强烈。我甚至认为，异性爱在婴儿时代比我们从弗洛伊德的著作中所看到的还要强烈。一个不明智的母亲很容易完全无意识地使年幼儿子异性爱的情感集中在她身上,而且毫无疑问,如果真是这样,弗洛伊德所指出的那些恶果也许就会产生。然而,如果母亲的性生活是满意的,那种事情就很可能不会发生,因为在这种情况下,她用不着向她的孩子寻求那种只应从成年人那里得到的情感满足。纯洁的父母之冲动是一种抚养孩子的冲动,它并不要求从孩子那里得到爱情,因此,如果一个女人在性生活中是快乐的,她会主动避免从孩子那里要求一切不正当的情感上的反应。因此,一个快活的女人也许要比一个不快活的女人更能成为贤良的母亲。然而,没有一个女人能够保证她永远快活,所以在不快活的时候她应当有一定的自制,以避免向孩子提出过多的要求。这种自制不是很难做到的,但是以前它的必要性并没有被人们认识到,因此母亲对于孩子的那种过分的爱抚行为被认为是十分正当的。孩子的异性爱的情感.可以从其他孩子那里得到自然的、有益的、天真的发泄。这样,异性爱的情感就成了游戏的一部分,而且这种情感会像一切游戏一样,为将来的成人活动做好准备。一个孩子在三岁或四岁以后,为了他或她的感情发展,需要有其他两种性别的孩子做伴,不但需要有年龄比他大或小的兄弟姐妹做伴,也需要有同龄人做伴。现代这种纯粹的小家庭对于孩子早期的健康发展显得过于呆板和禁闭,但这并不意味着在孩子的环境中不应有这种成分。

不但母亲会在孩子中产生不应有的情感,女仆和保姆以及以后的女教师也很危险,甚至更加危险,因为她们在性的方面是如饥似渴的。教育界的权威们认为,凡是和孩子发生关系的,应当总是那些不快活的老处女。这种观念表现出他们在心理学方面的无知,因为任何一个认真观察过孩子心理发展的人都不会产生这种观念。

兄弟姐妹的妒忌在家庭中是非常普遍的,在以后的生活中,这种妒忌有时还会造成杀人狂和较为严重的神经错乱。这种情况并不是很难避免的,当然轻微的形式除外,条件是:父母和其他照看孩子的人能够花费些精力控制他们的行为。当然,我们绝不能有偏爱之心——对于玩具、待遇和关心,我们必须十分公平。在新的弟弟或妹妹出生时,我们必须防止其他孩子误认为他们对于父母不像以前那样重要了。如果有严重的妒忌事件发生,我相信,那是因为这些简单的措施没有受到重视的缘故。

因此,如果我们要使家庭生活对孩子的心理产生良好的影响,我们就应当具备几种必要的条件。父母,尤其是母亲,必须尽可能使自己的性生活快乐。父母双方都要避免与孩子发生那种会引起不适合于孩子的反应的情感关系。在兄弟姐妹中一定不能有薄有厚,而应完全公平地对待他们。孩子三四岁以后,家庭不应成为他们的唯一环境,而要让他们把相当一部分时间用在与同龄孩子的交往中。如果有了这些条件,我认为,弗洛伊德所担心的那些恶劣后果就很可能不会发生了。

另一方面,如果父母的情感是正当的,这情感无疑会促进孩子的发育。那些得不到母亲的热烈情感的孩子,往往是瘦弱而神经质的,而且多有偷盗癖。父母的爱情能使孩子在这纷乱的世界里感到安全,并使他们获得进行实验和在周围环境中探险的勇气。使孩子感到自己是热烈爱情的客体,这对于孩子的精神生活是必不可少的,因为他会本能地感到他是孤弱的,需要得到只有爱情才能提供的那种保护。如果想让孩子长成一个快乐、大度、无畏的人，那这孩子就需要从他周围的环境中得到温暖，而这种温暖只能来自父母的爱情。

明智的父母还能为他们的孩子提供另外一种帮助，虽然直到不久前他们还几乎从未这样做过。这就是，他们可以通过最好的途径向孩子们介绍有关性和父母身份的事实。如果孩子们了解到性是存在于生育他们的父母之间的一种关系，他们就会知道性的最崇高的形式和性的生物上的目的。过去，他们最初了解到这个问题时，总是把它当成下流的笑话和令人难于启齿的快感的根源。这种通过秘密而又猥亵的谈话所得来的最初的启示，往往会给人留下深刻的印象；结果，孩子们从此就很难对任何与性有关系的问题具有高尚的态度了。

如果要确定家庭生活总的来说是应当有还是不应当有，那我们自然需要研究以下两种仅有的实际方案：一、母权家庭；二、类似孤儿院的公共机构。使任何一种方案变成制度都需要进行大规模的经济改革。现在假设这两种方案都已实施，让我们来研究一下它们对于孩子的心理影响。

先从母权家庭开始讨论。我们假设孩子只知道母亲，女人可以根据自己的意愿得到孩子，而不必希望父亲对孩子有任何特殊的兴趣，而且也不必选择同一个父亲去产生不同的孩子。如果经济安排是令人满意的，孩子会不会因这种制度而受苦呢？父亲对于他的孩子能有哪些心理上的用处？我认为，那最重要的用处也许在于我们上面所提出的一点，就是把性和夫妇的爱以及生育联系在一起。另外，在脱离儿童初期之后，要是我们能使孩子不但和女性的人生观接触，而且也和男性的人生观接触，那将是有益处的。从知识角度出发，这种接触对于男孩尤其重要。同时，我还认为，这种益处并非具有极为重要的意义。据我所知，那些在婴儿时期失去父亲的孩子，一般说来，并不比其他孩子坏。毫无疑问，有一个理想的父亲要比没有强，但是许多父亲远非理想，所以没有他们，对于孩子也许更具有积极的意义。

以上所说的依据于这样一种假定，即我们有着一种与现在截然不同的风尚。如果存在着某种风尚，孩子就会因我们破坏那种风尚而感到痛苦，因为对孩子来说，恐怕没有什么能比让他们感到自己与众不同更痛苦的了。这是针对当今社会的离婚而言。一个过去有父母双亲，且与他们感情深厚的孩子，会因父母离婚而失去全部安全感。的确，在这种情况下，他可能会产生恐惧和其他类型的神经错乱。一旦孩子对父母双方都产生了深切的依恋之情，那么父母分离的时候，他们就负有极大的责任。因此，我认为，一个没有父亲的社会，对孩子来说，要比一个时常发生离婚的社会好得多，尽管离婚仍被认为是一种个别现象。

按照柏拉图的意见，不但要让孩子脱离他们的父亲，而且也要脱离他们的母亲。对此，我是不敢苟同的。鉴于上述理由，我认为，父母的爱情对于孩子的成长是必不可少的，而且即使孩子仅从一方父母那里得到爱情已经足矣，但若连这一方父母的爱情也得不到，那就太令人遗憾了。从性道德的观点出发（仅就与我们现在最有关系的一点来说），重要的问题是父亲的效用。对于这个问题，虽然很难做出绝对肯定的回答，但结论似乎应当是，在幸运的情况下，父亲是有一定用处的，而在不幸运的情况下，他很容易出于专横、暴躁和好斗，使得害远远大于益。因此，从孩子心理的角度上看,那种赞成父亲的说法不是非常有力的。

　　从目前的情况来看,家庭在母亲心理中的重要性是很难估量的。我认为,在怀孕和哺乳期间,女人通常都具有某种希望男人保护的本能上的趋向——毫无疑问,这是一种从类人猿遗传下来的感觉。在我们现在这样一个多事的世界上,一个认为自己用不着这种保护的女人大概具有某种不正常的好斗心和自负心。然而,这种感觉只是部分本能的。如果国家能给怀孕和哺乳的母亲及孩子以足够的照顾,这种感觉就会大大减弱,有时甚至会完全消除。我认为,废除父亲在家庭中的地位对女人所造成的主要危害是,它将减少她们与男人发生性关系时所具有的那种亲密感和庄重感。一种性从另一种性中学到知识,这是人类结构的事实,但是单纯的性关系,即使它是热烈的,并不会因两性间的教训而得到满足。在抚养孩子这一庄严事业中的合作,以及历时多年的伴侣生活,可以形成一种对双方都很重要和丰富的关系。这种关系比男人对孩子不负责任时所具有的那种关系,要重要和丰富得多。但我并不认为,那种生活在纯女性的环境中或者很少与男性接触的母亲,从情感教育的观点上看,能像那种有幸福的婚姻并在一切事情上与丈夫合作的母亲那样疼爱孩子(个别情况除外)。然而,人们也必须看到许多与此相反的情形。如果一个女人在婚姻中是极不幸福的——这绝不是一种偶然现象——她的不幸福感会使她在与孩子的关系中很难具有那种正常的情感平衡。在这种情况下,如果她与孩子的父亲分开,她无疑能成为一个更好的母亲。我们因此而得出一个极普通的结论,就是幸福的婚姻是美好的,不幸福的婚姻是丑恶的。

说到个人心理中的家庭，那最重要的问题是，家庭对于父亲的影响。我们已经反复指出过父权及其伴随而来的热情的重要性。我们看到了在与父权家庭的发展和妇女的屈从地位紧密相关的古代历史中父权所起的作用。所以，我们由此可以断定，父亲的情感具有极为浓厚的热情。由于一些令人难以理解的原因，这种热情在那些具有高度文明的社会中总不如在其他一些地方那样浓厚。在罗马帝国时代，那些上层社会的罗马人显然是没有这种情感的，而当今时代不少有知识的人也是几乎或者完全不具备这样的情感。然而，绝大多数人还是有这种情感的，即使在最文明的社会中也是如此。男人所以结婚正是由于这个原因，而不是因为性的缘故，因为男人不结婚照样可以轻而易举地得到性满足。有一种理论说，求子之心在女人中比在男人中普遍，但是据我本人的印象，情况恰恰相反。在绝大多数现代婚姻中，孩子乃是女人对男人欲望让步的产物。无论如何，女人生孩子总要面对分娩的痛苦和丧失姿色的可能，而男子则可不必为此担忧。男人所以要限制家庭的发展，往往是由于经济的缘故。当然，女人也有这种原因，但是她还有自己所特有的原因。那些有职业的男人为了能以他们那个阶层认为必需的昂贵资金使家庭受到教育，他们情愿承受物质享受方面的损失。当我们联想到上述现象时，男人求子欲望之强就显而易见了。

如果男人享受不到目前父亲的地位所赋予他们的权利，他们是否还想要孩子呢？有些人说，如果男人不负责任，他们会不顾一切地生孩子。我不相信这种说法。一个希望得到孩子的男人也会希望得到孩子带来的责任。在普遍实行避孕的今天，男人有孩子往往不只是他追求快感时的意外事件。诚然,无论法律怎样规定,男女总是需要一种永久性的结合,因为只有在这种结合中,男人才能享受到那来自父亲身份的乐趣,但是如果法律和习俗都赞成孩子仅属于母亲的观点,女人就会觉得任何与现有婚姻相似的事情都会侵犯她们的独立,而且会给她们对于孩子的绝对占有权带来不必要的损失,因为本来她们是可以独自享有这种占有权的。因此,我们应当明白,男人不可能会经常成功地说服女人放弃法律所赋予她们的权利。

在上一章,我们已经谈到过这种制度对于男性心理的影响。我相信,这种制度将会极大地减少男女关系中的庄重性,使男女关系越发成为一件单纯的乐事,而不是一种有关心灵、理智和肉体的密切结合。这将使人们之间的一切关系都变成一种不足挂齿的区区小事,以至于男人都把自己的热情集中在事业、国家或与个人毫无关系的事情上。当然,这种说法有点太笼统了,因为人与人之间存在着很大区别,而且被一个人视为大逆不道的事,在另一个人眼里却可能是天大的好事。我认为(虽然我在提出这些观点时有些踌躇),消灭作为公认的社会关系的父权会使人们的精神生活变得淡漠乏味而且无关紧要,最终会引起厌烦和绝望情绪的缓慢增长,其间生育将逐渐趋于消灭,人种将留待那些仍保持旧习俗的群体来补充。我认为,厌烦感和轻浮之举都是不可避免的。当然,人口减少的问题可以通过付给女人足以担负起母亲职责的金钱来解决。如果军国主义总像现在这样强大,这些情况大概是要很快实现的。但是这一思想属于下一章将要讨论的人口问题。因此,我现在就不再多说了。

家 庭 与 国 家

　　家庭虽然具有生物上的起因,但在文明社会中,却是法制的产物。婚姻受法律制约,而且父母对于孩子的权利也是有详细规定的。如果没有婚姻,父亲就没有权利,因为孩子是完全属于母亲的。虽然法律的本意是要维护家庭,但是现在它却开始逐渐干涉父母和孩子之间的关系,并违反法律制订者的意愿,越发成为破坏家庭制度的主要手段之一。之所以这样说,是因为我们不相信那些道德败坏的父母能够像社会所普遍认为必需的那样去照看孩子。其实,非但那些道德败坏的父母,就是那些极为贫困的父母也应受到国家的干涉,以保证他们的孩子免遭不幸。在十九世纪初叶,干涉工厂童工劳动的建议遭到猛烈的反对,理由是,这将减少父母的责任。英国的法律虽然不像古罗马的法律那样允许父母迅速而无痛苦地杀死他们的孩子,但它却允许父母用苦工的折磨慢慢夺去孩子的生命。这一神圣的权利得到家长、雇主和经济学家的维护。然而,社会的道德观却对这种抽象的空谈感到反感,于是《工厂法令》被通过了。接下去的步骤更为重要,这步骤就是开始推行强制性教育。这的确是对父母权利的一种严重干涉。除了节假日,在一天的大部分时间中,孩子们必须离开家,去学习国家认为他们必须知道的事情,而父母对于这一问题的看法却得不到法律上的承认。通过学校,国家对于孩子生活的支配权逐渐扩大起来。孩子的健康受到照顾,即使他们的父母是基督教精神疗法者。如果孩子在精神上有缺陷,他们会被送到专门的学校。如果他们吃不饱，他们会免费得到食物。如果父母没有能力购买鞋子，可以由国家负责供给。如果孩子到学校时显现出父母虐待的迹象，父母很可能要受到惩罚。过去，只要孩子尚未成年，父母就有权得到孩子挣来的钱。现在，虽然孩子实际上很难保留他们自己挣来的钱，但他们有权这样做，而且一旦情况需要他们这样做时，这种权利就可以实现。在雇佣劳动者中，那留给父母的几项权利之一，是向他们的孩子传授同一居民区中大多数父母所共有的迷信。然而，在许多国家，即使是这种权利也被从父母的手中夺走了。

　　国家取代父亲能达到什么程度是无法确定的。国家所担负的是父亲的功能，而不是母亲的功能，因为国家要向孩子提供父亲在经济方面的帮助。在上层和中层社会，这种情况几乎从未发生过，所以有钱的父亲要比不富裕的父亲重要些，而且有钱的家庭也要比不富裕的家庭稳固些。凡是重视社会主义的地方，如在苏维埃俄国，取消或彻底改造以前为富家子弟而制订的教育制度，被视为是一件重要而且必须进行的事情。很难想象这种事情会在英国发生。我目睹过那些著名的英国社会党人因有人建议所有的孩子都应上小学而大发雷霆的情形。他们高声叫道："什么？难道让我的孩子和贫民窟的孩子有来往吗？不行！"真是奇怪，他们竟然不知道阶级之间的分歧与教育制度有着何等密切的关系。

　　欧洲各国目前的趋势是，国家对雇佣劳动阶级中父亲的权力和功能的干涉日益加剧，但它并没有相应地干涉其他阶级（俄国除外）。结果是，在富人和穷人之间产生了两种截然不同的情形，一方面，穷人家庭日趋衰落；另一方面，富人家庭却没有相应的变化。我认为,对孩子的人道主义的观念已经造成了国家的干涉,而且还将造成越来越多的干涉。例如,伦敦贫民区中的许多孩子,以及北方各工业城市中为数更多的孩子都在遭受佝偻病的折磨,这一事实应当引起广泛的注意。对于这种疾病,无论父母如何努力,也是无济于事的,因为它需要良好的饮食、新鲜的空气和充足的阳光,而这是父母所无力提供的。听任孩子在他们生活的最初几年受到身体上的摧残,那不但残酷,而且也是不经济的,因为如果人类更多地学到卫生和饮食方面的知识,孩子就不会蒙受不必要的损失。的确,所有这类建议都遭到了政治上的强烈反对。伦敦各城区的富人们联合起来,想压住这些事情的发展势头,这就是说,他们在极力阻止那种减少穷人疾病和痛苦的行为。当地方官员,如在坡普勒,采取确实有效措施降低婴儿死亡率时,他们就被投入了监狱。然而,富人们的反对屡屡受挫,穷人们的健康在不断得到改善。因此,我们完全相信,在不远的将来,国家在照顾雇佣劳动者的孩子方面的作用将得到加强而不是降低,与此同时,父亲的作用也将相应地降低。父亲的生物作用是在孩子们无力自助的时候保护他们,所以当这种作用为国家所取代时,父亲也就失去了存在的理由。因此,在资本主义社会中,我们一定会看到社会逐渐分化为两个等级:保存旧式家庭的富人和越来越希望国家起到过去属于父亲的经济作用的穷人。

在苏维埃俄国,家庭产生了更为激烈的变化,但是由于百分之八十的人都是农民,在这些人当中,家庭依然和中世纪西欧的家庭一样稳固,所以共产主义的理论也许只能影响少数城市居民。因此,在俄国,我们会看到与资本主义国家完全相反的情况,那就是,废除了家庭的上层社会和继续保存家庭的下层社会。

促使朝取消父亲的方向发展的另一个强有力的因素是,女人对于经济独立的愿望。迄今为止,常发表政治见解的女人都是未婚女子,但这种状况很可能是暂时的。目前,英国已婚女人所受到的虐待比未婚女子所受到的要多得多。已婚女教师所得到的待遇和一个犯过错误的男教师所得到的毫无二致。甚至连女人当一名妇产科医生也非得是未婚的不可。至于产生这些情况的原因,那并不是由于已婚女人不适合工作,也不是由于她们在就业方面有法律上的障碍,相反,几年前通过的一项法律明文规定,女人不应因结婚而降低工作能力。已婚女人找不到职业的全部原因在于男人希望保持他们对于女人的经济权力。女人大概不会永远屈从于这种专制。当然,女人要想找到某个党去解决她们的问题,恐怕是有些困难的,因为保守党热爱家庭,而劳动党则热爱工人。然而,一旦女人成为多数选民,她们是不会甘于永远留在幕后的。如果她们的权利得到承认,这些权利很可能会对家庭产生深远的影响。已婚女人可以通过两种方式获得经济上的独立。一种方式是,继续从事她们结婚前所做的工作。这需要她们把孩子送交他人照看,所以这将导致托儿所和幼儿园的大量增加,而这种做法的必然结果是,不但父亲的重要性,而且母亲的重要性也会在孩子的心理中完全消失。另一种方式是,有孩子的女人只要愿意自己照看孩子就可以得到国家发给的工资。当然,光这样做是不够的,还必须规定,当孩子长到一定年龄时,女人可以重操旧业。这种做法是有益的,因为它可以使女人自己照顾她们的孩子,而且不必奴颜婢膝地依赖男人。我们应当承认,而且现在情况越发如此,说到孩子,他们最初不过是性满足的结果,后来才成了不可推卸的责任。既然孩子属于国家的利益,而不是父母的,他们的费用理应由国家支付,而不应让这沉重的担子落在父母身上。这后一种方式所主张的是家庭津贴,这正在得到人们的承认,但关于支付给孩子的这笔费用仅应交给母亲的主张,至今没有得到承认。然而,我认为我们可以相信,工人阶级争取女权的运动会使人们承认这一点,并且把它纳入法律规定。

假如这种法律肯定能通过,它对于家庭道德的影响将取决于法律起草时的情形。起草法律时,也许有人会说,如果女人的孩子是私生子,她就不能得到这笔费用。另外,也许还会做出这样的规定,如果有证据表明女人犯过通奸罪,即使只有一次,这笔费用应该交给她丈夫,而不是她本人。如果法律真的这样规定,察访每一位已婚女人,弄清她们的道德状况,就将成为地方警察的一项职责。这种结果也许很能净化人,但我怀疑是否每个被净化者都能欣赏这一做法。我认为,我们最近应当提出一项制止警察干涉的要求,同时还要规定,即使是私生子的母亲也应得到津贴。如果做到了这一点,雇佣劳动者阶层中父亲的经济权力就会完全丧失,家庭也许就不再是属于父母双方的了,而父亲的身份也不会比猫狗更重要。

然而,当今时代,女人都把家务看得极为可怕,我感到大多数女人宁可继续从事她们婚前所做的工作,也不愿意因照看她们自己的孩子而得到补贴。有相当数量的女人也许情愿离开自己的家庭,去照看托儿所的孩子,因为那是一份职业工作。而且我还认为，大多数劳动妇女如能得到选择的机会，她们都会自愿出去从事她们婚前的工作，以获得工资，而不会把因在家中照看自己的孩子得到补贴视为幸福。然而，这纯粹是一种猜测，因为我不敢说我已经有了确凿的证据。不过，无论如何，如果我们所说的多少有点道理，那么，已婚女人中男女平等主义的发展也很可能在不远的将来——甚至是在资本主义社会里——导致雇佣劳动阶层的父亲——如果不是父母的话——失去照看孩子的权利。

女人反抗男人统治的运动，从纯粹政治的意义上说，实际上已经完成，但是从它的广义上来说，这运动还处于初级阶段。这运动更为深远的影响是要逐步产生的。现在，所谓女人的情感，还只不过是男人的兴趣和情绪的反应而已。当你读男性小说家的作品时，你会以为女人在给孩子哺乳时会得到一种肉体上的快感，其实，如果你询问一下你所认识的任何有孩子的女人，你就会知道情况并非如此。但是在女人获得选举权以前，没有一个男人曾想到这样做。总之，母性的情感长期以来一直为男人所控制，因为男人下意识地感到对母性情感的控制是他们统治女人的手段，因此，要想得到女人的真实情感还需付出相当大的努力。直到不久前，人们还认为，所有正派的女人都应该是痛恨性而喜欢孩子的。即使是现在，如果哪个女人坦率地说她不喜欢孩子，很多男人都会感到震惊。的确，现在男人普遍把向女人灌输这种说教视为己任。只要女人处于屈服状态，她们就一定不敢正视自己的情感，而只是根据男性的愿望来表白自己的情感。因此，我们不能把以前我们所想象的女人对于孩子的正常态度作为我们的出发点，因为我们会发现，一旦女人获得彻底解放，一般说来，她们的情感将会和我们以前所想象的截然不同。我认为，文明，至少是迄今为止所存在的文明，会大大减少女人的母性感。将来，一种高度的文明大概是无法维持的，除非女人能够得到一大笔生孩子的费用以便感到生孩子是一种赚钱的行当。当然，即使做到了这一步，所有女人或者大多数女人也不应当以此为业。然而，这些只是一种推测。其中唯一可以确定的一点是，男女平等主义的充分发展对于打破父权家庭可能具有深刻的影响，而父权家庭一直代表着史前时代男人对于女人的胜利。

西方目前实行的国家取代父亲的做法，总的说来，是一个巨大的进步。这种做法极大地改善了人民的健康状况，并提高了整个教育水平。这种做法杜绝了虐待儿童的现象，使大卫·科波非尔所遭受的那类磨难成为过去。这种做法有望继续提高人民的健康水准和智力水平，尤其是在根除源于错误的家庭制度的罪恶方面。然而，国家取代父亲的做法也具有极大的危险性。通常，父母都是喜爱他们的孩子，不愿意把他们仅仅看作是政治制度的材料的，而国家则绝不会有这种态度。在各个机构中与孩子有接触的实际个人，例如学校的老师，如果不是工作过度和工资低下，他们也会保持父母所具有的个人情感。但是老师没有多少权力，权力是属于行政官员的。那些行政官员从未见过那些由他们支配其生活的孩子，所以作为一个管理型的人（否则，他们就不会得到他们所占有的位置），他们也许特别习惯于把人看成是某种建设材料，而不是目的。另外，那些行政官员往往喜欢统一，因为便于统计和分类，而且一旦实现了"正确"的统一，那将意味着有一大批人成为他们所希望的那种人。因此，凡是受机构管教的儿童大概都是同类型的人，而少数不符合公认模式者必将遭到迫害，这迫害不光来自他们的伙伴，而且也来自政权当局。这意味着，那些具有极大潜力的人将会备受折磨，直到他们的精神彻底崩溃。这还意味着，那些有幸符合公认模式的人将会变得非常自信而且极具迫害之心，这些人完全不能耐下心来听取新的建议。最重要的是，只要这个世界还是分为许多相互竞争的军国主义国家，在教育上以公共团体取代父母就意味着强化所谓的爱国主义，这就是说，只要政府一声号令，人们便会毫不犹豫地投身于相互残杀之中。毫无疑问，所谓的爱国主义是文明目前所面临的最大危险，因此任何增加它的毒素的事情都要比瘟疫和灾害更为可怕。现在，年轻人的忠诚是双方面的，一方面要忠实于父母；另一方面也要忠实于国家。如果将来他们只忠实于国家，世界就很可能变得比现在更加残忍凶暴。因此，我认为，只要国际上的问题依然悬而未决，国家在教育和照看孩子方面不断增加的地位就具有极大的危险性，很可能会损害国家的真正利益。

另一方面，假如能够成立一个国际政府，这个政府能够在民族纠纷中使用法律而不是武力，情况就会完全不同了。这个政府可以规定，任何国家的教育课程都必须消除那种荒谬的民族主义。这个政府可以坚决要求任何地区都必须把对国际超级国家的忠诚作为教育的内容，而且必须把国际主义作为一种信念反复灌输，以取代现在人们对于国旗的忠诚之心。这样，虽然过于统一和对于异己分子的迫害过于严重的危险依然存在，但造成战争的危险将会消除。的确，超级国家对于教育的控制将成为防止战争的积极手段。由此得出的结论是，如果国家是国际主义的，国家取代父亲将有助于文明,但如果国家是民族主义和军国主义的,这种做法将由于战争而增加对于文明的危害。现在,家庭正在迅速衰落,而国际主义的增长却很缓慢。因此,这种情形值得引起我们的严重注意。当然,事态并没有达到无望的程度,因为国际主义将来可能会比过去发展得迅速些。幸运的是,我们也许不能预测未来,因此,我们有权希望将来胜过现在。

靳建国 译

中国篇

儿子一定要孝顺父母吗？

胡适

胡适（1891—1962），字适之，中国现代学者、作家，曾倡导"新文化运动"，重要著作有《中国哲学史大纲》《胡适文存》《胡适文存二集》《胡适文存三集》《胡适文存四集》和《先秦名学史》等。本文选自胡适文选《人生大策略》，原题《我的儿子》，此题为文选编者所加。

本文的内容是两封信：一封是一个叫汪长禄的人写给胡适的信，一封是胡适的回信。1919年8月，汪长禄在《每周评论》上看到胡适的一首白话诗，题名为《我的儿子》①，认为胡适写此诗反对孝道，"言之

---

① 胡适《我的儿子》，全诗如下：

　　我实在不要儿子，
　　儿子自己来了。
　　"无后主义"的招牌，
　　于今挂不起来了！

　　譬如树上开花，
　　花落天然结果。
　　那果便是你。
　　那树便是我。（转下页）

太过"，于是写信给胡适说明此意。胡适回信答复他的质疑，坚持认为儿子不必（甚至不要）"孝顺"父母（也就是不要什么都依着父母）；至于儿子尊敬父母、照顾父母，他并不反对，但也要看怎样的父母。要知道，父母未必都是好人，坏父母有的是——对这样的父母，难道儿子也一味地"孝顺"？

  实际上，胡适倡导的是一种建立在人格平等基础上的现代家庭观。这种来自西方的家庭观，对当时的中国人来说显然是"新的"、不熟悉的；因而，有人质疑并不奇怪。现在，将近一百年过去了，这种家庭观是不是已被我们视为理所当然？如果还不是，那实在太可悲了。

一、汪长禄先生来信

  昨天上午我同太虚②和尚访问先生，谈起许多佛教历史和宗派的话，耽搁了一点多钟的工夫，几乎超过先生平日见客时间的规则五倍以上，实在抱歉的很。后来我和太虚匆匆出门，各自分

（接上页）

树本无心结子，
我也无恩于你。
但是你既来了，
我不能不养你教你，

那是我对人道的义务，
并不是我待你的恩谊。
将来你长大时，
这是我所期望于你：

我要你做一个堂堂的人，
不要做我的孝顺儿子。

（原载1919年8月3日《每周评论》第33期）
  ② 太虚（1890—1947），法名唯心，字太虚，号昧庵，俗姓吕，学名沛林，近代著名高僧。

途去了。晚近回寓，我在桌子上偶然翻到最近《每周评论》的文艺那一栏，上面题目是"我的儿子"四个字，下面署了一个"适"字，大约是先生做的。这种议论我从前在《新潮》《新青年》各报上面已经领教多次，不过昨日因为见了先生，加上"叔度汪汪①"的印象，应该格外注意一番。我就不免有些意见，提起笔来写成一封白话信，送给先生，还求指教指教。

大作说："树本无心结子，我也无恩于你。"这和孔融②所说的"父之于子，当有何亲？……""子之于母，亦复奚为？……"差不多同一样的口气。我且不去管他。下文说的，"但是你既来了，我不能不养你教你，那是我对人道的义务，并不是待你的恩谊。"这就是做父母一方面的说法。换一方面说，做儿子的也可模仿同样口气说道："但是我既来了，你不能不养我教我，那是你对人道的义务，并不是待我的恩谊。"那么两方面凑泊③起来，简直是亲子的关系一方面变成了跛形的义务者，他一方面变成了跛形的权利者，实在未免太不平等了。平心而论，旧时代的见解，好端端生在社会一个人，前途何等遥远，责任何等重大，为父母的单希望他做他俩的儿子，固然不对。但是照先生的主张，竟把一般做儿子的抬举起来，看做一个"白吃不回账"的主顾，那又未免太"矫枉过正"罢？

现在我且丢却亲子的关系不谈，先设一个譬喻来说：假如有

---

① 叔度汪汪：(成语)喻度量宽大。典出《后汉书·黄宪传》："叔度汪汪若千顷波，澄之不清，淆之不浊，不可量也。"黄宪，字叔度。

② 孔融，汉代儒学家。

③ 凑泊：原是佛教用语，意为生硬地结合在一起。

位朋友留我在他家里住上若干年,并且供给我的衣食,后来又帮助我的学费,一直到我能够独立生活,他才放手。虽然这位朋友发了一个大愿,立心做个大施主,并不希望我些许报答,难道我自问良心能够就是这么拱拱手同他离开便算了吗?我以为亲子的关系,无论怎样改革,总比朋友较深一层。就是同朋友一样平等看待,果然有个鲍叔再世,把我看做管仲一般,也不能够说"不是待我的恩谊"罢。

大作结尾说道:"我要你做一个堂堂的人,不要你做我的孝顺儿子。"这话我倒并不十分反对。但是我以为应该加上一个字,可以这么说:"我要你做一个堂堂的人,不单要你做我的孝顺儿子。"为甚么要加上这一个字呢?因为儿子孝顺父母,也是做人的一种信条,和那"悌弟"、"信友"、"爱群"等等是同样重要的。旧时代学说把一切善行都归纳在"孝"字里面,诚然流弊百出。但一定要把"孝"字"驱逐出境",划在做人事业范围以外,好像人做了孝子,便不能够做一个堂堂的人。换一句话,就是人若要做一个堂堂的人,便非打定主意做一个不孝之子不可。总而言之,先生把"孝"字看得与做人的信条立在相反的地位。我以为"孝"字虽然没有"万能"的本领,但总还够得上和那做人的信条凑在一起,何必如此"雷厉风行"硬要把他"驱逐出境"呢?

前月我在一个地方谈起北京的新思潮,便联想到先生个人身上。有一位是先生的贵同乡,当时插嘴说道:"现在一般人都把胡适之看做洪水猛兽一样,其实适之这个人旧道德并不坏。"说罢,并且引起事实为证。我自然是很相信的。照这位贵同乡的说话推测起来，先生平日对于父母当然不肯做那"孝"字反面的行为，是决无疑义了。我怕的是一般根底浅薄的青年，动辄抄袭名人一两句话，敢于扯起幌子，便"肆无忌惮"起来。打个比方，有人昨天看见《每周评论》上先生的大作，也便可以说道："胡先生教我做一个堂堂的人，万不可做父母的孝顺儿子。"久而久之，社会上布满了这种议论，那么任凭父母老病冻饿以至于死，却可以不去管他了。我也知道先生的本意无非看见旧式家庭过于"束缚驰骤"，急急地要替他调换空气，不知不觉言之太过，那也难怪。从前朱晦庵①说得好："教学者如扶醉人。"现在的中国人真算是大多数醉倒了。先生可怜他们，当下告奋勇，使一股大劲，把他从东边扶起。我怕是用力太猛，保不住又要跌向西边去。那不是和没有扶起一样吗？万一不幸，连性命都要送掉，那又向谁叫冤呢？

我很盼望先生有空闲的时候，再把那"我的父母"四个字做个题目，细细的想一番。把做儿子的对于父母应该怎样报答的话（我以为一方面做父母的儿子，同时在他方面仍不妨做社会上一个人），也得咏叹几句，"恰如分际"、"彼此兼顾"，那才免得发生许多流弊。

二、我答汪先生的信

前天同太虚和尚谈论，我得益不少。别后又承先生给我这封

---

① 朱熹，字元晦，号晦庵，宋代理学家。

很诚恳的信，感谢之至。

"父母于子无恩"的话，从王充①、孔融以来，也很久了。从前有人说我曾提倡这话，我实在不能承认。直到今年我自己生了一个儿子，我才想到这个问题上去。我想这个孩子自己并不曾自由主张要生在我家，我们做父母的不曾得他的同意，就糊里糊涂的给了他一条生命。况且我们也并不曾有意送给他这条生命。我们既无意，如何能居功？如何能自以为有恩于他？他既无意求生，我们生了他，我们对他只有抱歉，更不能"市恩②"了。我们糊里糊涂的替社会上添了一个人，这个人将来一生的苦乐祸福，这个人将来在社会上的功罪，我们应该负一部分的责任。说得偏激一点，我们生一个儿子，就好比替他种下了祸根，又替社会种下了祸根。他也许养成坏习惯，做一个短命浪子；他也许更堕落下去，做一个军阀派的走狗。所以我们"教他养他"，只是我们自己减轻罪过的法子，只是我们种下祸根之后自己补过弥缝的法子。这可以说是恩典吗？

我所说的，是从做父母的一方面设想的，是从我个人对于我自己的儿子设想的，所以我的题目是"我的儿子"。我的意思是要我这个儿子晓得我对他只有抱歉，决不居功，决不市恩。至于我的儿子将来怎样待我，那是他自己的事。我决不期望他报答我的恩，因为我已宣言无恩于他。

先生说我把一般做儿子的抬举起来，看做一个"白吃不还

---

① 王充，汉代儒学家。
② 市恩：同"施恩"。

账"的主顾。这是先生误会我的地方。我的意思恰同这个相反。我想把一般做父母的抬高起来,叫他们不要把自己看做一种"放高利贷"的债主。

先生又怪我把"孝"字驱逐出境。我要问先生,现在"孝子"两个字究竟还有什么意义?现在的人死了父母都称"孝子"。孝子就是居父母丧的儿子(古书称为"主人"),无论怎样忤逆不孝的人,一穿上麻衣,戴上高粱冠,拿着哭丧棒,人家就称他做"孝子"。

我的意思以为古人把一切做人的道理都包在孝字里,故战阵无勇、莅官不敬,等等,都是不孝。这种学说,先生也承认他流弊百出。所以我要我的儿子做一个堂堂的人,不要他做我的孝顺儿子。我的意想以为"一个堂堂的人"决不致于做打爹骂娘的事,决不致于对他的父母毫无感情。

但是我不赞成把"儿子孝顺父母"列为一种"信条"。易卜生的《群鬼》① 里有一段话很可研究:(《新潮》第五号页八五一)

> 孟代牧师:你忘了没有,一个孩子应该爱敬他的父母?
> 阿尔文夫人:我们不要讲得这样宽泛。应该说:"欧士华应该爱敬阿尔文先生(欧士华之父)吗?"

这是说,"一个孩子应该爱敬他的父母"是耶教一种信条,但是有时未必适用。即如阿尔文一生纵淫,死于花柳毒,还把遗

---

① 《群鬼》,通译《群魔》,20世纪初挪威剧作家易卜生的著名"问题剧"。

毒传给他的儿子欧士华，后来欧士华毒发而死。请问欧士华应该孝顺阿尔文吗？若照中国古代的伦理观念自然不成问题。但是在今日可不能不成问题了。假如我染着花柳毒，生下儿子又聋又瞎，终身残废，他应该爱敬我吗？又假如我把我的儿子应得的遗产都拿去赌输了，使他衣食不能完全、教育不能得着，他应该爱敬我吗？又假如我卖国卖主义，做了一国一世的大罪人，他应该爱敬我吗？

至于先生说的，恐怕有人扯起幌子，说："胡先生教我做一个堂堂的人，万不可做父母的孝顺儿子。"这是他自己错了。我的诗是发表我生平第一次做老子的感想，我并不曾教训人家的儿子！

总之，我只说了我自己承认对儿子无恩，至于儿子将来对我作何感想，那是他自己的事，我不管了。

先生又要我做"我的父母"的诗。我对于这个题目，也曾有诗①，载在《每周评论》第一期和《新潮》第二期里。

---

① 此诗写于1918年，题为《民国七年十二月一日奔丧到家》，全诗如下：

往日归来，才望见竹竿尖，才望见吾村，
便心头乱跳，遥知前面，老亲望我，含泪相迎。
"来了？好呀！"——更无别话，说尽心头欢喜悲酸无限情。
偷回首，揩干泪眼，招呼茶饭，款待归人。

今朝，——
依旧竹竿尖，依旧溪桥，——
只少了我的心头狂跳！——
何消说一世的深恩未报！
何消说十年来的家庭梦想，都——云散烟销！——
只今日到家时，更何处能寻他那一声"好呀，来了！"

（原载1918年12月22日《每周评论》第1期）

我们现在怎样做父亲

鲁迅

鲁迅(1881—1936),笔名,真名周树人,中国现代作家,著有杂文集、散文集和短篇小说集多卷,重要的有杂文集《华盖集》《而已集》《且介亭杂文》、散文集《野草》和短篇小说集《呐喊》《彷徨》等。本文原载《新青年》第六卷第六号(1919年11月),后收入《坟》。

本文的宗旨,就如作者开题所说,"是想研究怎样改革家庭"。那么,怎样改革呢?其实,家庭成员间的关系是生物性的,父亲永远是父亲,儿子永远是儿子,这是不可改变的;所谓"改革",是指观念和态度的改变,即父亲怎样对待儿子,儿子怎样对待父亲,应有所改变。既然应有所改变,也就是说,传统的观念和态度——即孝道——是错误的。为什么?就是因为孝道有悖生物原理——进化;也就是说,中国传统家庭是不符合人的天性的,所以必须改变。那么,改变从何处开始呢?作者的意思就是:从"我们"(即做父亲的人)、从"现在"开始。然而,"我们"是在旧家庭中长大的,怎么改变呢?那就需要"我们"先有"自我觉醒",且有"自我牺牲"的精神,以助后代的"发展",用作者的话来说就是:"自己背着因袭的重担,肩住了黑暗的闸门,放他们到宽阔光明的地方去，此后幸福的度日，合理的做人。"——这句话在文中出现了两次，显然是全文的要点所在，也是对"我们现在怎样做父亲"这一问题的直接回答。

我作这一篇文的本意，其实是想研究怎样改革家庭；又因为中国亲权重，父权更重，所以尤想对于从来认为神圣不可侵犯的父子问题，发表一点意见。总而言之：只是革命要革到老子身上罢了。但何以大模大样，用了这九个字的题目呢？这有两个理由：

第一，中国的"圣人之徒"①，最恨人动摇他的两样东西。一样不必说，也与我辈决不相干；一样便是他的伦常，我辈却不免偶然发几句议论，所以株连牵扯，很得了许多"铲伦常"②、"禽兽行"之类的恶名。他们以为父对于子，有绝对的权力和威严；若是老子说话，当然无所不可，儿子有话，却在未说之前早已错了。但祖父子孙，本来各各都只是生命的桥梁的一级，决不是固定不易的。现在的子，便是将来的父，也便是将来的祖。我知道我辈和读者，若不是现任之父，也一定是候补之父，而且也都有做祖宗的希望，所差只在一个时间。为想省却许多麻烦起见，我们便该无须客气，尽可先行占住了上风，摆出父亲的尊

---

① "圣人之徒"是指林琴南等人。林琴南在一九一九年三月给北京大学校长蔡元培的信中，曾以"必覆孔孟、铲伦常为快"、"拾李卓吾之余唾"、"卓吾有禽兽行"等语，攻击新文化运动。按：李卓吾（1527—1602），即李贽，明代学者，反对当时的道学派，主张男女婚姻自主，曾被人诬有"狎妓女白昼同浴，勾引士人妻女"等"禽兽行"。

② 伦常，封建社会的伦理道德。当时以君臣、父子、夫妇、兄弟、朋友为五伦，认为制约他们各自之间关系的道德准则是不可改变的常道，因此称为伦常。

严,谈谈我们和我们子女的事;不但将来着手实行,可以减少困难,在中国也顺理成章,免得"圣人之徒"听了害怕,总算是一举两得之至的事了。所以说:"**我们怎样做父亲**。"

第二,对于家庭问题,我在《新青年》的《随感录》①(二五、四十、四九)中,曾经略略说及,总括大意,便只是从我们起,解放了后来的人。论到解放子女,本是极平常的事,当然不必有什么讨论。但中国的老年,中了旧习惯、旧思想的毒太深了,决定悟不过来。譬如早晨听到乌鸦叫,少年毫不介意,迷信的老人,却总须颓唐半天。虽然很可怜,然而也无法可救。没有法,便只能先从觉醒的人开手,各自解放了自己的孩子。自己背着因袭的重担,肩住了黑暗的闸门,放他们到宽阔光明的地方去,此后幸福的度日,合理的做人。

还有,我曾经说,自己并非创作者,便在上海报纸的《新教训》里,挨了一顿骂②。但我辈评论事情,总须先评论了自己,不要冒充,才能像一篇说话,对得起自己和别人。我自己知道,不特并非创作者,并且也不是真理的发见者。凡有所说所写,只是就平日见闻的事理里面,取了一点心以为然的道理;至于终极

---

① 《随感录》,《新青年》从 1918 年 4 月第四卷第四号起发表的关于社会和文化短评的总题。

② 指《时事新报》对作者的谩骂。作者曾在《新青年》第六卷第一、二、三号(1919 年 1 月、2 月、3 月),发表《随感录》四十三、四十六、五十三,批判了上海《时事新报》副刊《泼克》所载讽刺画的恶劣形象和错误倾向,并对新的美术创作表示了自己的意见,在《随感录四十六》中有"我辈即使才能不及,不能创作,也该当学习"的话;1919 年 4 月 27 日《时事新报》就发表了署名"记者"的《新教训》一文,骂鲁迅"轻佻"、"狂妄"、"头脑未免不清楚,可怜!"等。

究竟的事,却不能知。便是对于数年以后的学说的进步和变迁,也说不出会到如何地步,单相信比现在总该还有进步、还有变迁罢了。所以说:"我们**现在**怎样做父亲。"

我现在心以为然的道理,极其简单,便是依据生物界的现象:一,要保存生命;二,要延续这生命;三,要发展这生命(就是进化)。生物都这样做,父亲也就是这样做。

生命的价值和生命价值的高下,现在可以不论。单照常识判断便知道,既是生物,第一要紧的自然是生命。因为生物之所以为生物,全在有这生命,否则失了生物的意义。生物为保存生命起见,具有种种本能,最显著的是食欲。因有食欲才摄取食物,因有食物才发生温热,保存了生命。但生物的个体,总免不了老衰和死亡。为继续生命起见,又有一种本能,便是性欲。因性欲才有性交,因有性交才发生苗裔,继续了生命。所以,食欲是保存自己,保存现在生命的事;性欲是保存后裔,保存永久生命的事。饮食并非罪恶,并非不净;性交也就并非罪恶,并非不净。饮食的结果,养活了自己,对于自己没有恩;性交的结果,生出子女,对于子女当然也算不了恩——前前后后,都向生命的长途走去,仅有先后的不同,分不出谁受谁的恩典。

可惜的是中国的旧见解,竟与这道理完全相反。夫妇是"人伦之中",却说是"人伦之始"①;性交是常事,却以为不净;生育也是常事,却以为天大的大功。人人对于婚姻,大抵先夹带着不净的思想。亲戚朋友有许多戏谑,自己也有许多羞涩,直到生

---

① "人伦之始",语见《南史·阮孝绪传》。

了孩子，还是躲躲闪闪，怕敢声明；独有对于孩子，却威严十足，这种行径，简直可以说是和偷了钱发迹的财主，不相上下了。我并不是说——如他们攻击者所意想的——人类的性交也应如别种动物，随便举行；或如无耻流氓，专做些下流举动，自鸣得意。是说，此后觉醒的人，应该先洗净了东方固有的不净思想，再纯洁明白一些，了解夫妇是伴侣，是共同劳动者，又是新生命创造者的意义。所生的子女，固然是受领新生命的人，但他也不永久占领，将来还要交付子女，像他们的父母一般，只是前前后后，都做一个过付的经手人罢了。

生命何以必需继续呢？就是因为要发展，要进化。个体既然免不了死亡，进化又毫无止境，所以只能延续着，在这进化的路上走。走这路须有一种内的努力，有如单细胞动物有内的努力，积久才会繁复，无脊椎动物有内的努力，积久才会发生脊椎。所以后起的生命，总比以前的更有意义，更近完全，因此也更有价值，更可宝贵；前者的生命，应该牺牲于他。

但可惜的是中国的旧见解，又恰恰与这道理完全相反。本位应在幼者，却反在长者；置重应在将来，却反在过去。前者做了更前者的牺牲，自己无力生存，却苛责后者又来专做他的牺牲，毁灭了一切发展本身的能力。我也不是说——如他们攻击者所意想的——孙子理应终日痛打他的祖父，女儿必须时时咒骂他的亲娘。是说，此后觉醒的人，应该先洗净了东方古传的谬误思想，对于子女，义务思想须加多，而权利思想却大可切实核减，以准备改作幼者本位的道德。况且幼者受了权利，也并非永久占有，将来还要对于他们的幼者，仍尽义务，只是前前后后，都做一切过付的经手人罢了。

"父子间没有什么恩"这一个断语,实是招致"圣人之徒"面红耳赤的一大原因。他们的误点,便在长者本位与利己思想,权利思想很重,义务思想和责任心却很轻。以为父子关系,只须"父兮生我"① 一件事,幼者的全部,便应为长者所有。尤其堕落的,是因此责望报偿,以为幼者的全部,理该做长者的牺牲。殊不知自然界的安排,却件件与这要求反对。我们从古以来,逆天行事,于是人的能力,十分萎缩,社会的进步,也就跟着停顿。我们虽不能说停顿便要灭亡,但较之进步,总是停顿与灭亡的路相近。

自然界的安排,虽不免也有缺点,但结合长幼的方法,却并无错误。他并不用"恩",却给予生物以一种天性,我们称他为"爱"。动物界中除了生子数目太多——爱不周到的如鱼类之外,总是挚爱他的幼子,不但绝无利益心情,甚或至于牺牲了自己,让他的将来的生命,去上那发展的长途。

人类也不外此,欧美家庭,大抵以幼者、弱者为本位,便是最合于这生物学的真理的办法。便在中国,只要心思纯白,未曾经过"圣人之徒"作践的人,也都自然而然的能发现这一种天性。例如一个村妇哺乳婴儿的时候,决不想到自己正在施恩;一个农夫娶妻的时候,也决不以为将要放债。只是有了子女,即天然相爱,愿他生存;更进一步的,便还要愿他比自己更好,就是

---

① "父兮生我",语见《诗经·小雅·蓼莪》。

进化。这离绝了交换关系、利害关系的爱，便是人伦的索子①，便是所谓"纲"。倘如旧说，抹杀了"爱"，一味说"恩"，又因此责望报偿，那便不但败坏了父子间的道德，而且也大反于做父母的实际的真情，播下乖剌②的种子。有人做了乐府，说是"劝孝"，大意是什么"儿子上学堂，母亲在家磨杏仁，预备回来给他喝，你还不孝吗"③ 之类，自以为"拼命卫道"。殊不知富翁的杏酪和穷人的豆浆，在爱情上价值同等，而其价值却正在父母当时并无求报的心思；否则变成买卖行为，虽然喝了杏酪，也不异"人乳喂猪"④，无非要猪肉肥美，在人伦道德上，丝毫没有价值了。

所以，我现在心以为然的，便只是"爱"。

无论何国何人，大都承认"爱己"是一件应当的事。这便是保存生命的要义，也就是继续生命的根基。因为将来的运命，早在现在决定，故父母的缺点，便是子孙灭亡的伏线，生命的危机。易卜生做的《群鬼》⑤（有潘家洵君译本，载在《新潮》一卷五号）虽然重在男女问题，但我们也可以看出遗传的可怕。欧

---

① 索子：绳子。
② 乖[guāi]剌[là]：违逆、荒唐。
③ 这里说的"劝孝"的乐府，指1919年3月24日《公言报》所载林琴南作《劝世白话新乐府》的《母送儿》篇，其中说："母送儿，儿往学堂母心悲。……娘亲方自磨杏仁，儿来儿来当尝新。娇儿含泪将娘近，儿近退学娘休嗔。……儿言往就教，那想教师不教孝。……再读《孝经》一卷终，不去学堂倒罢了。"
④ "人乳喂猪"，《世说新语·汰侈》载："武帝（司马炎）尝降王武子（济）家，武子供馔，……豚肥美，异于常味。帝怪而问之，答曰：以人乳饮豚。"
⑤ 《群鬼》，通译《群魔》，20世纪初挪威剧作家易卜生的著名"问题剧"。

士华[①]本是要生活，能创作的人，因为父亲的不检，先天得了病毒，中途不能做人了。他又很爱母亲，不忍劳她服侍，便藏着吗啡，想待发作时候，由使女瑞琴帮他吃下，毒杀了自己；可是瑞琴走了。他于是只好托他母亲了。

> 欧：母亲，现在应该你帮我的忙了。
>
> 阿夫人：我吗？
>
> 欧：谁能及得上你。
>
> 阿夫人：我！你的母亲！
>
> 欧：正为那个。
>
> 阿夫人：我，生你的人！
>
> 欧：我不曾教你生我。并且给我的是一种什么日子？我不要他！你拿回去罢！

这一段描写，实在是我们做父亲的人应该震惊、戒惧、佩服的；决不能昧了良心，说儿子理应受罪。这种事情，中国也很多，只要在医院做事，便能时时看见先天梅毒性病儿的惨状；而且傲然的送来的，又大抵是他的父母。但可怕的遗传，并不只是梅毒，另外许多精神上体质上的缺点，也可以传之子孙，而且久而久之，连社会都蒙着影响。我们且不高谈人群，单为子女说，便可以说凡是不爱己的人，实在欠缺做父亲的资格，就令硬做了父亲，也不过如古代的草寇称王一般，万万算不了正统。将来学

---

① 欧士华，《群魔》中阿尔文的儿子。

问发达，社会改造时，他们侥幸留下的苗裔，恐怕总不免要受善种学（Eugenics①）者的处置。

倘若现在父母并没有将什么精神上、体质上的缺点交给子女，又不遇意外的事，子女便当然健康，总算已经达到了继续生命的目的。但父母的责任还没有完，因为生命虽然继续了，却是停顿不得，所以还须教这新生命去发展。凡动物较高等的，对于幼雏，除了养育保护以外，往往还教他们生存上必需的本领。例如飞禽便教飞翔，鸷兽便教搏击。人类更高几等，便也有愿意子孙更进一层的天性。这也是爱。上文所说的是对于现在，这是对于将来。只要思想未遭锢蔽的人，谁也喜欢子女比自己更强、更健康、更聪明高尚——更幸福；就是超越了自己，超越了过去。超越便须改变，所以子孙对于祖先的事，应该改变，"三年无改于父之道，可谓孝矣"② 当然是曲说③，是退婴④的病根。假使古代的单细胞动物，也遵着这教训，那便永远不敢分裂繁复，世界上再也不会有人类了。

幸而这一类教训，虽然害过许多人，却还未能完全扫尽了一切人的天性。没有读过"圣贤书"的人，还能将这天性在名教的斧钺底下时时流露，时时萌蘖⑤；这便是中国人虽然凋落萎

---

① 善种学即优生学，是英国高尔顿在1883年提出的"改良人种"的学说。它认为人或人种在生理和智力上的差别是由遗传决定的，只有发展所谓"优等人"，淘汰"劣等人"，社会问题才能解决。
② "三年无改于父之道可谓孝矣"，语见《论语·学而》。
③ 曲说：歪理。
④ 退婴：退化而近于原始。
⑤ 萌蘖[niè]：萌芽。

缩、却未灭绝的原因。

所以觉醒的人，此后应将这天性的爱，更加扩张，更加醇化；用无我的爱，自己牺牲于后起新人。开宗第一，便是理解。往昔的欧人，对于孩子的误解，是以为成人的预备；中国人的误解，是以为缩小的成人。直到近来，经过许多学者的研究，才知道孩子的世界，与成人截然不同；倘不先行理解，一味蛮做，便大碍于孩子的发达。所以一切设施，都应该以孩子为本位。日本近来，觉悟的也很不少；对于儿童的设施，研究儿童的事业，都非常兴盛了。第二，便是指导。时势既有改变，生活也必须进化；所以后起的人物，一定尤异于前，决不能用同一模型，无理嵌定。长者须是指导者、协商者，却不该是命令者。不但不该责幼者供奉自己，而且还须用全副精神，专为他们自己，养成他们有耐劳作的体力、纯洁高尚的道德、广博自由能容纳新潮流的精神，也就是能在世界新潮流中游泳、不被淹末的力量。第三，便是解放。子女是即我非我的人，但既已分立，也便是人类中的人，因为即我，所以更应该尽教育的义务，交给他们自立的能力；因为非我，所以也应同时解放，全部为他们自己所有，成一个独立的人。

这样，便是父母对于子女，应该健全的产生、尽力的教育、完全的解放。

但有人会怕，仿佛父母从此以后，一无所有、无聊之极了。这种空虚的恐怖和无聊的感想，也即从谬误的旧思想发生；倘明白了生物学的真理，自然便会消灭。但要做解放子女的父母，也应预备一种能力，便是自己虽然已经带着过去的色采，却不失独立的本领和精神,有广博的趣味、高尚的娱乐。要幸福么?连你的将来的生命都幸福了。要"返老还童"、要"老复丁"① 么?子女便是"复丁",都已独立而且更好了。这才是完了长者的任务,得了人生的慰安。倘若思想本领,样样照旧,专以"勃谿"② 为业,行辈自豪,那便自然免不了空虚无聊的苦痛。

或者又怕,解放之后,父子间要疏隔了。欧美的家庭,专制不及中国,早已大家知道;往者虽有人比之禽兽,现在却连"卫道"的圣徒,也曾替他们辩护,说并无"逆子叛弟"③ 了。因此可知:惟其解放,所以相亲;惟其没有"拘挛"④ 子弟的父兄,所以也没有反抗"拘挛"的"逆子叛弟"。若威逼利诱,便无论如何,决不能有"万年有道之长"⑤。例便如我中国,汉有举孝,唐有孝悌力田科,清末也还有孝廉方正⑥,都能换到官做。父恩

---

① 老复丁:从老年回复壮年。语出汉代史游《急就篇》:"长乐无极老复丁。"
② 勃谿:婆媳争吵,喻无聊折腾。语出《庄子·外物》:"室无空虚,则妇姑勃谿。"
③ 欧美家庭并无"逆子叛弟"之说,见于林琴南所译小说《孝友镜》(比利时恩海贡斯翁士著)的《译余小识》:"此书为西人辨诬也。中国人之习西学者恒曰:'男子二十而外必自立,父母之力不能莞约而拘挛之;兄弟各立门户,不相恤也。是名社会主义,国因以强。'然近年所见,家庭革命,逆子叛弟,接踵而起,国胡不强?是果真奉西人之圭臬?抑因顽之气中于腑焦,用以自便其所为,与西俗胡涉?此书……父以友传,女以孝传,足为人伦之鉴矣。命曰《孝友镜》,亦以醒吾中国人勿诬人而打妄语也。"
④ 拘挛:约束。
⑤ "万年有道之长":久远的意思。旧时臣子颂扬朝廷的一句成语。
⑥ 举孝:汉代选拔官吏的办法之一,由各地推荐"善事父母"的孝子到朝中去作官。孝悌力田:唐汉科举名目之一,由地方官向朝廷推荐所谓有"孝悌"德行和努力耕作的人,中选者分别任用或给予赏赐。孝廉方正:清代特设的科举名目,由地方官荐举所谓孝、廉、方正的人,经礼部考试,授以知县等官。

谕之于先，皇恩施之于后，然而割股①的人物，究属寥寥，足可证明中国的旧学说旧手段，实在从古以来，并无良效，无非使坏人增长些虚伪，好人无端的多受些人我都无利益的苦痛罢了。

独有"爱"是真的。路粹引孔融说："父之于子，当有何亲？论其本意，实为情欲发耳。子之于母，亦复奚为，譬如寄物瓶中，出则离矣。"（汉末的孔府上，很出过几个有特色的奇人，不像现在这般冷落，这话也许确是北海先生所说；只是攻击他的偏是路粹和曹操，教人发笑罢了②。）虽然也是一种对于旧说的打击，但实于事理不合。因为父母生了子女，同时又有天性的爱，这爱又很深广、很长久，不会即离。现在世界没有大同，相爱还有差等，子女对于父母，也便最爱、最关切，不会即离。所以疏隔一层，不劳多虑。至于一种例外的人，或者非爱所能钩连，但若爱力尚且不能钩连，那便任凭什么"恩威、名份、天经、地义"之类，更是钩连不住。

或者又怕，解放之后，长者要吃苦了。这事可分两层：第一，中国的社会，虽说"道德好"，实际却太缺乏相爱相助的心思。便是"孝"、"烈"这类道德，也都是旁人毫不负责，一味收拾幼者、弱者的方法。在这样社会中，不独老者难于生活，既

---

① 割股：即所谓"割股疗亲"，割取自己的股肉煎药，以医治父母的重病。《宋史·选举志一》："上以孝取人，则勇者割股，怯者庐墓。"

② 路粹引孔融的话，见《后汉书·孔融传》。路粹，字文蔚，陈留（今河南开封东南）人，曹操的军谋祭酒。他承曹操的意旨控告孔融，说孔融对祢衡讲过这几句话，曹操便用"不孝"的罪名杀掉孔融。但曹操在《求贤令》中又说只要有才能，"不仁不孝"的人也可任用，在这件事上自相矛盾，因此鲁迅说"教人发笑"。孔融（153—208），字文举，汉献帝时曾为北海相，因而有"北海先生"之称。

解放的幼者，也难于生活。第二，中国的男女，大抵未老先衰，甚至不到二十岁，早已老态可掬，待到真实衰老，便更须别人扶持。所以我说，解放子女的父母，应该先有一番预备；而对于如此社会，尤应该改造，使他能适于合理的生活。许多人预备着、改造着，久而久之，自然可望实现了。单就别国的往时而言，斯宾塞①未曾结婚，不闻他侘傺②无聊；瓦特早没有了子女，也居然"寿终正寝"，何况在将来，更何况有儿女的人呢？

或者又怕，解放之后，子女要吃苦了。这事也有两层，全如上文所说，不过一是因为老而无能，一是因为少不更事罢了。因此，觉醒的人，愈觉有改造社会的任务。中国相传的成法，谬误很多：一种是锢闭，以为可以与社会隔离，不受影响；一种是教给他恶本领，以为如此才能在社会中生活。用这类方法的长者，虽然也含有继续生命的好意，但比照事理，却决定谬误。此外还有一种，是传授些周旋发法③，教他们顺应社会。这与数年前讲"实用主义"的人，因为市上有假洋钱，便要在学校里遍教学生看洋钱的法子之类，同一错误。社会虽然不能不偶然顺应，但决不是正当办法。因为社会不良，恶现象便很多，势不能一一顺应；倘都顺应了，又违反了合理的生活，倒走了进化的路。所以根本方法，只有改良社会。

就实际上说，中国旧理想的家族关系、父子关系之类，其实

---

① 斯宾塞（H. Spencer 1820—1903），英国哲学家，终身未娶。主要著作有《综合哲学体系》等。
② 侘[chà]傺[chì]：失意。
③ 发法：小技。

早已崩溃。这也非"于今为烈",正是"在昔已然"。历来都竭力表彰"五世同堂",便足见实际上同居的为难;拼命的劝孝,也足见事实上孝子的缺少。而其原因,便全在一意提倡虚伪道德,蔑视了真的人情。我们试一翻大族的家谱,便知道始迁祖宗,大抵是单身迁居,成家立业;一到聚族而居,家谱出版,却已在零落的中途了。况在将来,迷信破了,便没有哭竹、卧冰;医学发达了,也不必尝秽①、割骨。又因为经济关系,结婚不得不迟,生育因此也迟,或者子女才能自存,父母已经衰老,不及依赖他们供养,事实上也就是父母反尽了义务。世界潮流逼拶②着,这样做的可以生存,不然的便都衰落;无非觉醒者多,加些人力,便危机可望较少就是了。

但既如上言,中国家庭,实际久已崩溃,并不如"圣人之徒"纸上的空谈,则何以至今依然如故,一无进步呢?这事很容易解答。第一,崩溃者自崩溃,纠缠者自纠缠,设立者又自设立;毫无戒心,也不想到改革,所以如故。第二,以前的家庭中间,本来常有勃谿,到了新名词流行之后,便都改称"革命",然而其实也仍是嫖钱至于相骂,要赌本至于相打之类,与觉醒者的改革,截然两途。这一类自称"革命"的勃谿子弟,纯属旧

---

① 哭竹:三国时吴国孟宗的故事。唐代白居易编的《白氏六帖》说:"孟宗后母好笋,令宗冬月求之,宗入竹林恸哭,笋为之出。"卧冰:晋代王详的故事。《晋书·王详传》说,他的后母"常欲生鱼,时天寒冰冻,详解衣将剖冰求之,冰忽自解,双鲤跃出,持之而归"。尝秽:南朝梁庾黔娄的故事。《梁书·庾黔娄传》说,他的父亲庾易"疾始二日,医云:'欲知差剧,但尝粪甜苦。'易泄痢,黔娄辄取尝之。"这三个故事都收在《二十四孝》中。
② 逼拶 [zā]:亦作"逼匝",犹逼迫。

式，待到自己有了子女，也决不解放；或者毫不管理，或者反要寻出《孝经》①，勒令诵读，想他们"学于古训"②，都做牺牲。这只能全归旧道德、旧习惯、旧方法负责，生物学的真理决不能妄任其咎。

既如上言，生物为要进化，应该继续生命，那便"不孝有三，无后为大"③、三妻四妾，也极合理了。这事也很容易解答。人类因为无后，绝了将来的生命，虽然不幸，但若用不正当的方法手段，苟延生命而害及人群，便该比一人无后，尤其"不孝"。因为现在的社会，一夫一妻制最为合理，而多妻主义，实能使人群堕落。堕落近于退化，与继续生命的目的，恰恰完全相反。无后只是灭绝了自己，退化状态的有后，便会毁到他人。人类总有些为他人牺牲自己的精神，而况生物自发生以来，交互关联，一人的血统，大抵总与他人有多少关系，不会完全灭绝。所以生物学的真理，决非多妻主义的护符。

总而言之，觉醒的父母，完全应该是义务的、利他的、牺牲的，很不易做；而在中国尤不易做。中国觉醒的人，为想随顺长者解放幼者，便须一面清结旧账，一面开辟新路，就是开首所说的"自己背着因袭的重担，肩住了黑暗的闸门，放他们到宽阔光明的地方去，此后幸福的度日，合理的做人"。这是一件极伟大

---

① 《孝经》：儒家经典之一，共十八章，孔门后学所述。汉代列入"七经"之一，后来又列入"十三经"。

② "学于古训"，语见《尚书·说命》。

③ "不孝有三无后为大"，语见《孟子·离娄》。据汉代赵岐注："于礼有不孝者三事，谓阿意曲从，陷亲不义，一不孝也；家穷亲老，不为禄仕，二不孝也；不娶无子，绝先祖祀，三不孝也。三者之中，无后为大。"

的要紧的事,也是一件极困苦艰难的事。

但世间又有一类长者,不但不肯解放子女,并且不准子女解放他们自己的子女,就是并要孙子、曾孙都做无谓的牺牲。这也是一个问题,而我是愿意平和的人,所以对于这问题,现在不能解答。

一九一九年十月。

家之上下四旁

周作人

周作人（1885—1967），现代作家，鲁迅之弟，重要作品有散文集《谈龙集》《谈虎集》《瓜豆集》《永日集》《自己的园地》《风雨谈》和《知堂书话》等。

本篇选自《瓜豆集》，写于1936年10月。所谓"家之上下四旁"，意为"与家有关的一些事"。文中抄录了不少古籍，大多为不入流的，而正是从这些不入流的引文中，作者看出了中国旧家庭的真面目，即所谓"孝"的种种怪状，并由此以一个父亲的身份说："现代的儿子对于我们殊可不必再尽孝。"因为"孝"既可恶、又可笑；更何况，即使在古代，"孝"也往往只是一种"高调"，一种官方宣传而已——实际上，极少有人真能像《二十四孝》所要求的那样尽孝。那么，不讲"孝"，理想的父子关系（以及整个家庭关系）应该怎样？作者的意思是：应该像朋友，即：儿子像父亲的朋友一样帮助父亲，而不是"报恩"，因为父亲养育儿子不是"施恩"，而是"还债"，因为儿子的出生，是由父亲自己的行为造成的。基于这种认识而形成的家庭观，就是现代家庭观——而这，正是本文所要宣扬的。

《论语》这一次所出的课题是"家"①,我也是考生之一,见了不禁着急,不怨自己的肚子空虚得很,只恨考官促狭②,出这样难题目来难人。的确这比前回的"鬼"要难做得多了,因为鬼是与我们没有关系的,虽然普通总说人死为鬼,我却不相信自己会得③变鬼,将来有朝一日即使死了也总不想到鬼门关里去,所以随意谈论谈论也还无妨。若是家,那是人人都有的,除非是不打胚话④的出家人。这种人现在大约也是绝无仅有了,现代的和尚热心于国大⑤选举,比我们还要积极,如我所认识的绍兴阿毛师父自述,他们的家也比我们为多,即有父家、妻家与寺家三者是也。总而言之,无论在家出家,总离不开家,那么家之与我们可以说是关系深极了。因为关系如此之深,所以要谈就大不容易。

　　赋得"家"是个难题,我在这里就无妨坚决地把他⑥宣布了。

　　话虽如此,既然接了这个题目,总不能交白卷了事,无论如何须得做他一做才行。

---

　　① 《论语》,文艺性半月刊,1932年9月16日创刊于上海,第一至二十六期由林语堂主编,第二十七至八十四期由陶亢德主编,第八十五至一百零五期由郁达夫、邵洵美主编。周作人与几任主编均有良好关系,是《论语》主要撰稿人之一。《论语》第九十一、九十二期曾出"鬼故事专号",周作人写有《谈鬼论》;第一百期"百期纪念特刊"又编"家的专号",周作人应约撰写了本文。
　　② 促狭:(吴越方言)刁钻。
　　③ 会得:(吴越方言)会。
　　④ 不打胚话:(吴越方言)不作假的。
　　⑤ 国大:国民大会的简称(即民国时期的国会)。
　　⑥ 他:同"它"(当时尚无"它"字)。下同。

忽然记起张宗子①的一篇《岱志》来，第一节中有云：

> 故余之志岱②，非志岱也。木华③作《海赋》，曰：胡④不于海之上下四旁言之。余不能言岱，亦言岱之上下四旁已耳。

但是抄了之后，又想道："且住，家之上下四旁有可说的么？"我一时也回答不来。忽然又拿起刚从地摊买来的一本《醒闺编》⑤来看，这是二十篇训女的韵文，每行分三三七共三句十三字，题曰"西园廖免骄编"。首篇第三页上有这几行云：

> 犯小事，由你说，倘犯忤逆推不脱。
> 有碑文，你未见，湖北有个汉川县。
> 邓汉真，是秀才，配妻黄氏恶如豺；
> 打婆婆，报了官，事出乾隆五十三⑥。
> 将夫妇，问剐罪，拖累左邻与右舍；
> 那邻里，最惨伤，先打后充黑龙江；
> 那族长，伯叔兄，有问绞来有问充；
> 后娘家，留省城，当面刺字充四门；

---

① 张岱，字宗子，号陶庵，明末清初史学家、散文家。
② 志岱：记泰山（岱：泰山的别称）。
③ 木华，字玄虚，西晋辞赋家。
④ 胡：何。
⑤ 《醒闺编》，清代廖免骄编著之道德训诫书。
⑥ 乾隆五十三：乾隆五十三年。

> 那学官，革了职，流徙三千杖六十。
> 坐的土，掘三尺，永不准人再筑室。
> 将夫妇，解回城，凌迟碎剐晓谕人；
> 命总督，刻碑文，后有不孝照样行。

我再翻看前后，果然在卷首看见《遵录湖北碑文》。文云：

> 乾隆五十三年正月奉，上谕：朕以孝治天下，海澨山陬①无不一道同风。据湖北总督疏称，汉川县生员②邓汉帧之妻黄氏以辱母殴姑一案，朕思不孝之罪别无可加，唯有剥皮示众。左右邻舍隐匿不报，律杖八十，乌龙江③充军。族长伯叔兄等不教训子侄，亦议绞罪。教官并不训诲，杖六十，流徙三千里。知县知府不知究治，罢职为民，子孙永不许入仕。黄氏之母当面刺字，留省四门充军。汉帧之家掘土三尺，永不许居住。汉帧之母仰湖北布政使司每月给米银二两，仍将汉帧夫妇发回汉川县对母剥皮示众。仰湖北总督严刻碑文，晓谕天下，后有不孝之徒，照汉帧夫妇治罪。

我看了这篇碑文，立刻发生好几个感想。第一是看见"朕以孝治天下"这一句，心想这不是家之上下四旁么，找到了可谈的材料了。第二是不知道这碑在哪里，还存在么，可惜弄不到拓本

---

① 海澨 [shì] 山陬 [zōu]：（成语）海边和山隅（喻无论何处）。
② 生员：秀才。
③ 乌龙江：即黑龙江。

来一看。第三是发生"一丁点儿"的怀疑。这碑文是真的么？我没有工夫去查官书，证实这汉川县的忤逆案，只就文字上说，就有许多破绽。十全老人①的汉文的确有欠亨②的地方，但这种谕旨既已写了五十多年，也总不至于还写得不合格式。我们难保皇帝不要剥人家的皮，在清初也确实有过，但乾隆时有这事么，有点将信将疑。看文章很有点像是老学究的手笔，虽然老学究不见得敢于假造上谕——这种事情直到光绪末革命党才会做出来，而且文句也仍旧造得不妥帖。但是无论如何，或乾隆五十三年真有此事，或是出于士大夫的捏造，都是同样的有价值，总之足以证明社会上有此种意思，即不孝应剥皮是也。从前翻阅阮云台③的《广陵诗事》，在卷九有谈逆妇变猪的一则云：

  宝应成安若康保④《皖游集》载：太平寺中一豕⑤现妇人足，弓样宛然（案：此实乃妇人现豕足耳），同游诧为异，余笑而解之曰："此必妒妇后身也，人故之冤今得平反矣。"因成一律，以《偶见》命题云："忆元幼时闻林质泉云⑥，曾见某处一妇不孝其姑，遭雷击，身变为豕，唯头为人，后脚犹弓样焉，越年余复为雷殛死。"始意为不经之谈，今见

---

① 十全老人：乾隆曾自我总结一生有"十全武功"，自诩为"十全老人"，并作《御制十全记》。
② 亨：通。
③ 阮元，字伯元，号云台，清代嘉庆、道光年间名臣，于经史、数学、天算、舆地、编纂、金石、校勘等均有造诣，被尊为一代文宗。
④ 宝应成安若康保：宝应人成安若，字康保。
⑤ 豕：猪。
⑥ 闻林质泉云：听林质泉说。

安若此诗，觉天地之大事变之奇，真难于恒情度也。惜安若不向寺僧究其故而书之。

阮君本非俗物，于考据词章之学也有成就，今记录此等恶滥故事，未免可笑，我抄了下来，当作确实材料，用以证此种思想之普遍，无雅俗之分也。翻个转面就是劝孝，最重要的是大家都知道的《二十四孝图说》。这里边固然也有比较容易办的，如扇枕席之类，不过大抵都很难，例如喂蚊子；有些又难得有机会，一定要凑巧冬天生病，才可以去找寻鱼或笋，否则终是徒然。最成问题的是郭巨埋儿掘得黄金一釜，这件事古今有人怀疑。

偶看尺牍，见朱荫培①著《芙香阁尺一书》（道光年刊）卷二有《致顾仲豁》书云：

> 所论岳武穆何不直捣黄龙，再请违旨之罪，知非正论，姑作快论，得足下引春秋大义辨之，所谓天王明圣，臣罪当诛，纯臣之心惟知有君也。前春原嵇丈②评弟郭巨埋儿辩云：惟其愚之至，是以③孝之至。事异论同，皆可补芸香一时妄论④之失。

以我看来，顾、嵇二公同是妄论，纯是道学家不讲情理的门

---

① 朱荫培，清代道光年间文人。
② 春原嵇丈：春原人嵇丈。
③ 是以：所以。
④ 芸香一时妄论：听似有理、实质无理之论。

面话，但在社会上却极有势力，所以这就不妨说是中国的舆论，其主张与"朕以孝治天下"盖①全是一致。从这劝与戒两方面看来，"孝为百行先"的教条那是确实无疑的了。现在的问题是，这在近代的家庭中如何实行？老实说，仿造的二十四孝早已不见得有，近来是资本主义的时代，神道不再管事，奇迹难得出现，没有纸票休想得到笋和鱼，世上一切都已平凡现实化了。太史公曰："伤哉贫也，生无以为养，死无以为葬也。"这就明白的说明尽孝的难处。对于"孝"这个字想要说点闲话，实在很不容易。中国平常通称"忠、孝、节、义"，四者之中只有"义"还可以商量，其他三德分属三纲，都是既得权利，不容妄言有所侵犯。昔者，施存统②著《非孝》，而陈仲甫③顶了缸，至今读经尊孔的朋友犹津津乐道，谓其曾发表"万恶孝为首"的格言，而林琴南孝廉④又拉了孔北海⑤的话来胡缠，其实《独秀文存》具在，中间原无此言也。我写到这里殊不能无戒心，但展侧一想，余行年五十有几矣，如依照中国早婚的习惯，已可以有曾孙矣；余不敏，今仅以父亲的资格论孝，虽固不及曾祖之阔气，但资格则已有了矣。

以余观之，现代的儿子对于我们殊可不必再尽孝。何也？盖生活艰难，儿子们第一要维持其生活于出学校之后，上有对于国

---

① 盖：大概。
② 施存统，现代学者、中共早期活动家。
③ 陈独秀，字仲甫。
④ 林纾，字琴南，晚清文人、翻译家，当时是孝廉（即举人），故称"林琴南孝廉"。
⑤ 孔融，汉末文人，建安七子之一，因其曾为北海相，故称"孔北海"。

家的义务，下有对于子女的责任，如要衣食饱暖，成为一个贤父、良夫、好公民，已大须努力，或己力有不及，若更欲彩衣弄雏、鼎烹进食①，势非贻误公务、亏空公款不可，一朝提将官里去，岂非饮鸩止渴，为之老太爷、老太太者亦有何快乐耶？鄙意②父母养育子女实止是③还自然之债。此意与英语中所有者不同，须引《笑林》④疏通证明之。有人见友急忙奔走，问何事匆忙，答云，二十年前欠下一笔债，即日须偿。再问何债，曰：实是小女明日出嫁。此是笑话，却非戏语。男子生而愿为之有室，女子生而愿为之有家，即此意也。自然无言，生物的行为乃其代言也，人虽灵长亦自不能出此民法外耳。债务既了而情谊长存，此在生物亦有之，而于人为特显著，斯其所以为灵长也欤。我想五伦中以朋友之义为最高，母子男女的关系所以由本能而进于伦理者，岂不以此故乎？有富人父子不和，子甚倔强，父乃语之曰："他事即不论，尔我共处二十余年，亦是老朋友了，何必再闹意气。"此事虽然滑稽，此语却很有意思。我便希望儿子们对于父母以最老的老朋友相处耳，不必再长跪请老太太加餐或受训诫，但相见怕恰⑤，不至于疾言厉色，便已大佳。这本不是石破天惊的什么新发明，世上有些国土⑥也就是这样做着，不过中国

---

① 彩衣弄雏、鼎烹进食：漂亮衣服取悦小儿、大锅烹煮全家进食（喻大家庭生活）。
② 鄙意：鄙人（作者自谓）之意。
③ 实止是：其实只是。
④ 《笑林》：三国魏邯郸淳撰，共三卷。
⑤ 但：只要。相见怕恰：相互敬重。
⑥ 有些国土：有些国家（指欧美）。

不承认，因为他是喜唱高调的。

凡唱高调的亦并①不能行低调，那是一定的道理。吾乡民间有目连戏②，本是宗教剧而富于滑稽的插话，遂成为真正的老百姓的喜剧。其中有《张蛮打爹》一段，蛮爹对众说白有云：

> 现在真不成世界了，从前我打爹的时候爹逃就算了，现在我逃了他还要追着打哩。

这就是老百姓的"犯话"，所谓犯话者，盖即经验之谈，从事实中"犯"出来的格言，其精锐而讨人嫌处不下于李耳与伊索③，因为他往往不留情面的把政教道德的西洋镜戳穿也。

在士大夫家中，案头放着《二十四孝》和《太上感应篇》，父亲乃由暴君降级，欲求为老朋友而不可得，此等事数见不鲜，亦不复讳，亦无可讳，恰似理论与事实，原是二重真理可以并存也者。不佞④非读经尊孔人，却也闻之骇然，但亦不无所得。现代的父子关系，以老朋友为极则，此项发明实即在那时候所得到者也。

上边所说的一番话，看似平常，实在我也是很替老年人打算的。父母少壮时能够自己照顾，而且他们那时还要照顾子女呢，所以不成什么问题。成问题的是在老年，这不但是衣食等事，重

---

① 并：同时。
② 目连戏：地方戏曲，因常演目连救母的故事而得名。
③ 李耳与伊索：李耳即老子，伊索即古希腊《伊索寓言》的作者。
④ 不佞［nìng］：作者自谓（佞：才）。

要的还是老年的孤独。儿子阔了,有名了,往往在书桌上留下一部《百孝图说》,给老人家消遣,自己率领宠妾到洋场、官场里,为国民谋幸福去了。假如那老头子是个稀有的明达人,那么这倒也还没有什么。如曹庭栋①在《老老恒言》卷二中所说:

> 世情世态,阅历久看应烂熟,心衰面改,老更奚②求。谚曰:求人不如求己。呼牛呼马,亦可由人,毋少③介意。少介意便生忿,忿便伤肝,于人何损,徒损乎己耳。
>
> 少年热闹之场,非其类则弗亲,苟不见几知退,取憎而已,至与二三老友,相对闲谈,偶闻世事,不必论是非,不必较长短,慎尔出话,亦所以定心气。

又沈赤然④著《寒夜丛谈》卷一有一则云:

> 膝前林立⑤,可喜也,虽不能必⑥其皆贤⑦,必其皆寿⑧也。金钱山积,可喜也,然营田宅,劳我心,筹婚嫁,劳我心,防盗贼水火,又劳我心矣。黄发台背⑨,可喜也,然心

---

① 曹庭栋,清代养生家。
② 奚:何。
③ 少:同"稍"。
④ 沈赤然,清代乾隆年间文人,曾为知县,罢官后,闭户著书,不问外事。
⑤ 膝前林立:喻多子多孙。
⑥ 必:同"毕",最终。
⑦ 皆贤:都有孝心。
⑧ 皆寿:都活得长。
⑨ 黄发台背:长寿(黄发,指老年人头发由白转黄。台背,指老年人背上生斑如鲐鱼背。台,通"鲐")。

则健忘,耳则重听①,举动则须扶持,有不为子孙厌之、奴婢欺之、外人侮之者乎?故曰:多男子②则多惧,富则多事,寿则多辱。

如能像二君的达观,那么一切事都好办,可惜千百人中不能得一,所以这就成为问题。社会上既然尚无国立养老院,本各尽所能、各取所需的原则,对于已替社会做过相当工作的老年加以收养,衣食住药以至娱乐都充分供给,则自不能不托付于老朋友矣——这里不说子孙,而必戏称老朋友者,非戏也,以言子孙似专重义务,朋友则重在情感,而养老又以销除其老年的孤独为要,唯用老朋友法可以做到,即古之养志也。虽然,不佞不续编《二十四孝》,而实际上这老朋友的孝,亦大不容易,恐怕终亦不免为一种理想。不违反人情物理,不压迫青年,亦不委屈老年,颇合于中庸之道,比皇帝与道学家的意见要好得多了,而实现之难或与二十四孝不相上下,亦未可知。何也?盖中国家族关系,唯以名分、以利害,而不以情义相维系也,亦已久矣。闻昔有龚橙③自号"半伦"④,以其只有一妾也。中国家庭之情形何如,固然一言难尽,但其不为龚君所笑者,殆几希矣。家之上下四旁,如只有半伦,欲求朋友于父子之间,又岂可得了。

---

① 重听:听力失真。
② 男子:儿子。
③ 龚橙,清代藏书家。
④ 所谓"半伦"者,是言其无君臣、父子、夫妻、兄弟、朋友之道,只爱一个小妾,五伦去了四伦半,故曰"半伦"。

[附记]

关于汉川县一案,我觉得乾隆皇帝(假如是他)处分得最妙的是那邓老太太。当着她老人家的面把儿子、媳妇都剥了皮,剩下她一个孤老,虽是每月领到了藩台衙门的二两银子,也没有家可住,因为这掘成一个茅厕坑了;走上街去,难免遇见黄宅亲家母面上刺着两行金印,在那里看守城门,彼此都很难为情。教官、族长都因为不能训诲问了重罪,那么邓老太太似乎也是同一罪名,或者那样处分也就是这意思吧。甚矣,皇帝与道学家之不测也,吾辈以常情推测,殊不能知其万一也。

民国廿五年十月十八日记。

中国式的家庭理念

林语堂

林语堂（1895—1976），原名林和乐，又名林玉堂，中国现代学者、作家，重要作品有小说《京华烟云》《风声鹤唳》、散文集《剪拂集》《大荒集》《无所不谈》《吾国吾民》《读书的艺术》和《生活的艺术》等。本文选自《生活的艺术》，标题系原书所有。原文为英文，本文是译文。

这里的"中国式的家庭理念"，指的是传统家庭理念，是与传统的大家庭生活相适应的。简要地说，这种理念的根源是祖先崇拜，继而衍化出孝道，继而衍化出光宗耀祖、传宗接代的观念。为什么要崇拜祖先呢？显然，这有利于大家庭的聚合，免于分裂。既然要崇拜祖先，那么，父母就是最近的"祖先"，所以对父母要尽孝道。除了要孝敬父母，还要想到父母所属的整个家族（也就是人自己所属的家族）；也就是说，一个人不仅要为父母而活，还要为整个家族而活——这样就有了光宗耀祖的观念。既然要光宗耀祖，自然会想到，要世世代代"光耀"下去——这样又有了传宗接代的观念。基于这样的家庭理念，由于个人是为家庭、为家族而活的，因而在这样的家庭生活中，个人只是家庭、家族的"一分子"，而不是独立的个人，所以没有了独立观念，而正因为没有了独立观念,大家庭生活对他来说无疑是最理想、最令人满意的。

所谓"中国式的家庭理念",大概就是这样。对此,作者似乎是很赞许的。确实,就大家庭生活而言,这样的理念可谓无比高超,它成功压制了个人本能的独立倾向,而这种独立倾向,毋庸讳言,确实是导致人与人之间的许多矛盾和冲突的根本原因。然而,无奈的是,近代以来,中国式大家庭显然是没落了,逐渐为基于个人独立性的小家庭所取代,因而也确实产生了过去没有的许多矛盾和冲突。但历史潮流就是如此,有什么办法呢?基于此,本文读来,就像是哀悼中国式大家庭和中国式家庭理念的一曲挽歌。

中国的社会和生活都是组织于家庭制度基础上的,乃是人所共知的事。这个制度决定并润色整个中国式生活的模型。但这个对于家庭生活的理念,是从何而来的呢?这个问题从来没有人提出过。因为中国人都视为理所当然,而外国人则自觉不够资格去问这句话。把家庭制度作为一切社会和政治生活的基础,大家都知道孔夫子曾给予一个哲学的根基。他非常的注重夫妻关系,认为是一切人类关系的根基,也注重孝顺父母,每年祭扫祖墓、崇拜祖先和设立祖先祠。

中国的祖先崇拜,曾被某些著作家称为一种宗教。我相信这句话在某种程度中是很对的。至于它的非宗教方面就在于它的里边很少超自然的成分。它不涉及神怪,所以崇拜祖先不妨和信仰基督、仙佛或回教神道同时并行。崇拜祖先所用的礼仪造成一种宗教的形式,非常自然而且合理。因为凡属信念,是不能没有表现方式的。照这种情形而论,我以为对着一块长约十五英寸的长方木牌表示尊意,其尊敬程度和英国把英王肖像印在邮票之上并没有什么高下。第一,中国人对于这种祖先之灵并不十分视同神道,而不过当他如在世的老长辈一般侍奉,他并不向他祈求福佑,也不求他治病,并不像普通的崇拜者和被崇拜者之间的必有一种施必望报的情形;第二,这种崇拜仪式不过是借以对已死的祖先表示敬意的典礼,不过借这一天使全家团聚一次,并纪念祖先对于这家庭所贻的世泽。这种仪式充其量不过如替长辈做一次小规模的生日,与平常替父母做寿、与美国的举行母亲节并没有什么分别。

基督教士不许中国信徒参加崇拜祖先的仪节,其唯一反对理由,是因为祭祖时大家都须跪地磕头,认为这是违反十诫中的第一条。这是基督教士太缺乏谅解的表征之一。中国人的膝盖不若西方人的膝盖那样宝贵,中国人都向他们的皇帝、官府磕头,新年都向在世的父母磕头,被视为常事。所以中国人的膝盖易于柔曲,而跪在神主牌之前磕几个头,也不会使他即因而变为一个崇信异端的人。城市村镇中的中国信徒即因此和一般的社团生活相隔绝,不能去参加大众节日的欢聚,也不便捐助这些节日的活动。所以,中国的基督信徒是差不多和本族的人不相往来的。

这种对于一己的家庭的虔敬和神秘性义务的感觉,有时确也能变成一种很深的宗教态度,例如十七世纪的儒者颜元①在老年的时候,独自出外,周历天下,找寻他的哥哥。因为自己没有儿

---

① 颜元,清初儒家、颜李学派创始人,一生以行医、教学为业。

子,所以希望寻到他的哥哥和一个侄子,以便传宗接代。他是四川人,笃信儒宗,专事力行。他的哥哥失踪已经多年,他忽然厌弃教读生活,如奉神召一般的决计出外寻兄。他连哥哥的影踪都不知道,盲目找寻,这是何等艰难的事情。况且这个时期正值明朝覆亡,全国混乱的时候,遍地盗寇,旅行极为危险。但他不顾一切,冒险前行,所到之处都贴下招纸,悬赏找寻。他走了一千余里的路程,经过中国北部数省。直到数年之后,他走过某处时,被他的侄子看见了他手中所拿伞柄上刻着的姓名,知道是他的叔父,方将他引导到自己家中。那时他的哥哥已死,但他的目的仍算达到,因为果然有一个侄子可继香火了。

孔子极为推崇孝道,其理由何在?没有人能够知道。据吴经熊①博士在某篇论文所说,则是因为孔子乃是一个没有父亲的人,所以他的心理作用无非也和名歌《甜蜜的家庭》的作者其实从来没有享过家庭幸福完全一样。如若孔子幼时他的父亲尚在,则他的父职概念便不至于会这样的深刻。再则如若他已成年,而他的父亲尚在世,则结果恐怕更坏于此。因为,如此他即有机会可以看到他父亲的弱点,而会觉得力行纯孝未必是件容易做到的事情了。总之,他出世的时节,父亲已经故世,并且不知道父亲葬在哪里。他是一个私生子,他的母亲从来没有告诉过他父亲是谁。他的母亲死后,他就将母亲的遗体葬在"五父之衢"②,这当中或者含一些故意,亦未可知。后来居然有一个年

---

① 吴经熊(1899—1986),著名法学家、国民党政要。
② 语见《礼记·檀弓》:"孔子少孤,不知其墓,殡于五父之衢。"(五父:即"五府"。五府通衢:交通要道)。

老妇人将他父亲的葬处告诉了他,于是他方将母亲的灵柩迁去合葬。

这一个巧妙的假说有怎样的价值,我们不必苛求,但中国文学中对于家庭理念的必要性,确实举出不少的理由。它以一个人(也就是家庭单位中的一分子)为出发点,以"生命之流"的观念(这是我所题的名称)为支撑点,并以力行天性作为道德和政治的最后目标的正当理由。

家庭制度的理念和个人主义的理念,显然不能并立。一个人终究不能完全独自一个人过一生。照这样的个人观念,太缺乏实在性。我们对于一个人如若不认他是一个人、一个兄弟、一个父亲或一个朋友,则我们当他是个什么东西?如此的个人将成为一个形而上的抽象物。中国人的心理都偏于生物思想,所以他们对于人类自然先想到的是他在生物上的关系。因此,家庭很自然地成为人生中的生物性单位,婚姻也成为一件家庭事件,而不单是个人事件。

和西方的个人主义、国家主义相对照的,就是中国人的家庭理念。在这种理念中,人并不是个人,而被看作是家庭的一分子,是家庭生活中的一个必须分子。这个就是我所谓"生命之流"的意义。人类生活就整个而论,可以包括多种不同的种族"生命之流",但人们所能直接触到和看到的,只有家庭中的"生命之流"。东西两方都有家庭如大树这个比喻,每个人的生命不过是这大树上的一枝,借着树干而生存,尽其协助树干滋长下去的本分。所以,就我们所见,人类生活显然是一种生长或连续作用,在这当中每个人都在家庭历史上有一番作为,尽他对于整个家庭的义务,只是成绩有优劣:有些替家庭争得光荣,有些使家庭蒙受耻辱。

  家庭意识和家庭荣誉的感觉,或许就是中国人唯一的团体精神或团体意识。家庭中每个分子都必须振其家声,必须好好做人,而不得遗羞于家族。他应该和一个球员一样,将球推向前去。败家子不但是个人之耻,也是全家之羞,正如一个球员失误而被对方将球抢去一样。凡去考试而得题名金榜的,好像是一个获胜的球员,光荣不但属于个人,也属于他的一家。考中状元或者考中三甲进士的人,荣耀全家,使全家的人甚至连亲戚和同乡都受到精神上的鼓舞;当然,也是实际上的好处。即使过了一两百年之后,乡人还会夸说某某年本乡怎样出过状元。从前人中了状元或进士,全家族、全乡里的人都会庆祝,荣归挂匾,大家何等兴奋,觉得荣耀非凡,人人有份。和这个比较起来,现代的学校毕业接受文凭时,是何等的冷清而无趣啊!

  在这一幅家庭生活的景象内,其变化和色彩有很大的伸缩余地。人都须经过童年、成人和老年。在这几个时期里,先由别人养育他,再由他去养育别人,最后于老年时再由别人侍奉他。起先,他尊奉别人,受别人的指挥;等到成人以后,他便渐渐受人尊奉,指挥别人。更重要的是,女人的插身于家庭之中,使这幅景象增加了不少色彩。女人在连续不断的家庭生活中不仅仅是一个装饰品或玩具,也不仅仅是一个妻,而实是这株家庭大树上的一个关系生存的必须分子。因为使家庭生活连续成为可能者,即是女人,而家庭中各个支派的盛衰也是以娶来的媳妇的体质和性情为依归。一个聪明的家长,在选择媳妇时,必注意她的出身是否清白，就如园丁要选择好的枝条来嫁接果树。很有些人认为，一个人的生活，尤其是家庭生活，或苦或乐，都以他所娶的妻为定，而未来家庭的整个性质也由此而决定。孙子体格的强弱、性情的优劣，完全以媳妇的体格和性情为依归。因此，就产生一种遗传上的无形的、界限不分明的优生学，注重门第的高低。实则就是家长对于未来媳妇的体格、姿色和教养的一种取舍标准。普通的标准大都着重她的家教。依传统说法，最好的媳妇应出于勤俭书礼之家。有时候，家长发现所娶的媳妇不贤惠时，便要咒骂亲家的家教不良。所以，为父母者又多出了一种教养女儿将来成为好媳妇而不致贻羞家声的责任，例如不会烹饪、不会做年糕之类，都被视为没有家教。

依照这种家族制度里的"生命之流"的概念，永生几乎是可以看到、可以触到的东西了。一个祖父看见孙儿背了书包上学校，便觉得他好似已在这个小孩身上获得了新生命。他用手去抚摸这个小孩时，他便感到这是他自己的血肉。他的生命不过是家庭大树上的一枝，或永远向前流去的水流中一部分。所以，他虽死也是快乐的。因此中国的家长所关切的事情就是：亲见男婚女嫁，视为比将来自己所葬的坟墓或所睡的棺材更重要。他必须亲眼看见媳妇或女婿是怎样的人，才会放心。如果都是很好而令人满意，他便可以含笑而逝、一无遗恨了。

这种生命概念会使一个人对于任何物事都有一种伸长的见解，而不再认生命为始于个人、止于个人。球队中虽有一两个球员中途退出，但他们的位置即刻有人填补，球赛依旧可以继续下去。成败也因而改变了性质。中国人的生活理念是：做人须无愧于祖宗,同时也就无愧于后代。中国官员辞官时每每用的一句老话便是:"有子万事足,无官一身轻。"

一个人最不幸的遭遇,按中国人的家庭理念,或许就是儿子不肖,不能维持家庭声誉、保持家庭财产。一个富翁看见他的儿子好赌,就觉得他半生辛劳所积聚的家产不能保持。如果儿子失败,这失败便是绝对的。在另一方面,一个眼光远大的寡妇,她如有一个五岁的好儿子,她就会含辛茹苦、历尽艰难去教养他。中国历史上这种守节抚孤的女人很多很多,她们期望经历多年辛苦后儿子成人,一朝飞黄腾达。蒋介石就是这类事情的一个最近的例子。他幼时和寡母常受邻人的欺侮,但寡母因有这个儿子,终愿奋志抚养。寡居的母亲,由于她们具有讲究实际的见解,常常教养出才德俱优的大人物。这情形使我觉得,单以抚育儿童而言,父亲似乎是不必要的。寡妇的笑声最响,因为她总是最后一个发出笑声的人。

所以,生活在这种家庭理念中是令人满意的,因为人的各种生物性都已照顾到了。此即孔子所关切的事情。按孔子的见解,政治的最后理念本是属于生物性的。他说:"老者安之……少者怀之。"① "内无怨女,外无旷夫。"② 这话不仅仅是对枝节问题的一种表白,而其实是政治的最后目标,因而尤为重要。此即人文学者所谓的达情哲理。孔子意欲使一切人类天性都得到满足,

---

① 语出《论语·公冶长》:"子路曰:'愿闻子之志。'子曰:'老者安之,朋友信之,少者怀之。'"
② 此句其实是孟子所说。见《孟子·梁惠王下》:"当是时也,内无怨女,外无旷夫。"

认为必须如此才能使人在满意的生活中获得道德的平和，而只有道德的平和，才是真正的平和。这是一种政治理念，其最终目的是要使政治成为不必要。因为这种道德的平和发自人的本心，是最为稳固、最为持久的。

李时安　译

心腹话

张爱玲

张爱玲(1920—1995),本名张瑛,现代女作家,重要作品有小说《霸王别姬》《倾城之恋》《红玫瑰与白玫瑰》《多少恨》《色·戒》和散文《天才梦》《到底是上海人》《中国人的宗教》《谈跳舞》《谈音乐》《谈吃与画饼充饥》等。

本文选自《张爱玲散文集》,一篇颇具海派特色的抒情散文,其核心意象是作者记忆中的家——童年和青年时代的家。尽管他们家相当富裕,不是住洋房,就是住公寓,家里还有许多佣人,但在作者的记忆中,这个家留给她的却是悲哀多于欢乐。原因是她尚未懂事的时候,父母就不和、分居,后来又离异。出于天性,她感情上倾向于母亲,但却要随父亲生活,而她的父亲,又是个典型的旧式男人——有钱、抽鸦片、娶姨太太,离婚后又再婚——对她几乎漠不关心,倒给她弄来一个恶狠狠的后母。而当她和后母顶撞时,父亲竟然痛打她一顿,还把她囚禁在房间里。最后,在一个冬天的夜里,她孤身逃离这个家,到了母亲那儿……读来简直就像小说,然而却是她活生生的回忆!

既然有这样的身世,所以,作者自然会对家发出了这样的感慨:

"乱世的人，得过且过，没有真的家。"——这句话，或许，就是本文的"主题思想"。

"夜深闻私语，月落如金盆"①，那时候所说的，不是心腹话也是心腹话了罢？我不预备装模作样把我这里所要说的当做郑重的秘密，但是这篇文章因为是被编辑先生催逼着，仓促中写就的，所以有些急不择言了，所写的都是不必去想它，永远在那里的，可以说是下意识的一部分背景。就当它是在一个"月落如金盆"的夜晚，有人喊喊切切、絮絮叨叨告诉你听的罢！

今天早上房东派了人来测量公寓里热水汀管子的长度，大约是想拆下来去卖。我姑姑不由得感慨系之，说现在的人起的都是下流的念头，只顾一时，这就是乱世。

乱世的人，得过且过，没有真的家。然而，我对于我姑姑的家，却有一种天长地久的感觉。我姑姑与我母亲同住多年，虽搬过几次家，而且这些时我母亲不在上海，单剩下我姑姑，她的家对于我一直是一个精致完全的体系，无论如何不能让它稍有毁损。前天我打碎了桌面上的一块玻璃，照样赔一块要六百元，而我这两天刚巧破产，但还是急急的把木匠找了来。近来不知为什么特别有打破东西的倾向。（杯盘碗匙向来不算数，偶尔我姑姑砸了个把茶杯，我总是很高兴地说："轮到姑姑砸了！"）上次急于到阳台上收衣裳，推玻璃门推不开，把膝盖在门上一抵，豁朗

---

① "夜深闻私语，月落如金盆"引自杜甫诗《赠蜀僧闾丘师兄》，也有版本作"夜阑接软语，落月如金盆"。

一声，一块玻璃粉粉碎①了，膝盖上只擦破一点皮，可是流下血来，直溅到脚面上，擦上红药水，红药水循着血痕一路流下去，仿佛吃了大刀王五②的一刀似的。给我姑姑看，她弯下腰去，匆匆一瞥，知道不致命，就关切地问起玻璃。我又去配了一块。

因为现在的家于它的本身是细密完全的，而我只是在里面撞来撞去打碎东西，而真的家应当是合身的，随着我生长的，我想起我从前的家了。

第一个家在天津。我是生在上海的，两岁的时候搬到北方去。北京也去过，只记得被佣人抱来抱去，用手去揪她颈项上松软的皮——她年纪逐渐大起来，颈上的皮逐渐下垂；探手到她颔下，渐渐有不同的感觉了。小时候我脾气很坏，不耐烦起来便抓得她满脸的血痕。她姓何，叫"何干"。不知是哪里的方言，我们称老妈子为"什么干什么干"。何干很像现在时髦的笔名"何若"、"何之"、"何心"。有一本萧伯纳③的戏《心碎的屋》，是我父亲当初买的。空白上留有他的英文题识：

天津，华北。
一九二六。三十二号路六十一号。
提摩太·C·张

---

① 粉粉碎：（沪语）粉碎粉碎。
② 大刀王五，王正谊（1844—1900），河北沧州人，清末侠客，因排行第五，好使刀，人称"大刀王五"，在江浙一带特别有名。
③ 萧伯纳，20世纪初英国剧作家。

我向来觉得在书上郑重地留下姓氏，注明年月、地址，是近于啰唆无聊，但是新近发现这本书上的几行字，却很喜欢，因为有一种春日迟迟的空气，像我们在天津的家。

院子里有个秋千架，一个高大的丫头，额上有个疤，因而被我唤做"疤丫丫"的，某次荡秋千荡到最高处，忽地翻了过去，后院子里养着鸡。夏天中午我穿着白地小红桃子纱短衫，红袴子，坐在板凳上，喝完满满一碗淡绿色、涩而微甜的六一散①，看一本谜语书，唱出来："小小狗，走一步，咬一口。"谜底是剪刀。还有一本是儿歌选，其中有一首描写最理想的半村半郭的隐居生活，只记得一句"桃枝桃叶作偏房"，似乎不大像儿童的口吻了。

天井的一角架着个青石砧，有个通文墨、胸怀大志的男底下人②时常用毛笔蘸了水在那上面练习写大字。这人瘦小清秀，讲三国志演义给我听，我喜欢他，替他取了一个莫名其妙的名字叫"毛物"。毛物的两个弟弟就叫"二毛物"、"三毛物"。毛物的妻叫"毛物新娘子"，简称"毛娘"。毛娘生着红扑扑的鹅蛋脸，水眼睛，一肚子"孟丽君女扮男装中状元"，是非常可爱的、然而心计很深的女人。疤丫丫后来嫁了三毛物，很受毛娘的欺负。当然，我那时候不懂这些，只知道他们是可爱的一家。他们是南京人，因此我对南京的小户人家一直有一种与事实不符的明丽丰足的感觉。久后他们脱离我们家，开了个杂货铺子，女佣领了我

---

① 六一散，中医用以祛暑的汤药。
② 男底下人，男佣人。

和弟弟去照顾他们的生意,努力地买了几只劣质的彩花热水瓶,在店堂楼上吃了茶,和玻璃罐里的糖果,还是有一种丰足的感觉。然而他们的店终于蚀了本①,境况极窘。毛物的母亲又怪两个媳妇都不给她添孙子,毛娘背地里抱怨说谁叫两对夫妇睡在一间房里,虽然床上有帐子。

领②我弟弟的女佣唤做"张干",裹着小脚,伶俐要强,处处占先。领我的"何干",因为带的是个女孩子,自觉心虚,凡事都让着她。我不能忍耐她的重男轻女的论调,常常和她争起来,她就说:"你这个脾气只好住独家村!希望你将来嫁得远远的——弟弟也不要你回来!"她能够从抓筷子的手指的地位上预卜我将来的命运,说:"筷子抓得近,嫁得远。"我连忙把手指移到筷子的上端去,说:"抓得远呢?"她道:"抓得远当然嫁得远。"气得我说不出话来。张干使我很早地想到男女平等的问题,我要锐意图强,务必要胜过我弟弟。

我弟弟实在不争气,因为多病,必须扣着吃,因此非常的馋,看见人嘴里动着便叫人张开嘴让他看看嘴里可有什么。病在床上,闹着要吃松子糖——松子仁舂成粉,掺入冰糖屑——人们把糖里加了黄连汁,喂给他,使他断念。他大哭,把只拳头完全塞到嘴里去,仍然要。于是他们又在拳头上擦了黄连汁。他吮着拳头,哭得更惨了。

松子糖装在金耳的小花瓷罐里。旁边有黄红的蟠桃式瓷缸,

---

① 蚀本:(沪语)亏本。
② 领:(沪语)带、照看(孩子)。

里面是痱子粉。下午的阳光照到那磨白了的旧梳妆台上。有一次，张干买了个柿子放在抽屉里，因为太生了，先收在那里。隔两天我就去开抽屉看看，渐渐疑心张干是否忘了它的存在，然而不能问她，由于一种奇异的自尊心。日子久了，柿子烂成一泡水。我十分惋惜，所以至今还记得。

最初的家里没有我母亲这个人，也不感到任何缺陷，因为她很早就不在那里了。有她的时候，我记得每天早上女佣把我抱到她床上去。是铜床，我爬在方格子青锦被上，跟着她不知所云地背唐诗。她才醒过来总是不甚快乐的，和我玩了许久方才高兴起来。我开始认字块①，就是伏在床边上，每天下午认两个字之后，可以吃两块绿豆糕。

后来，我父亲在外面娶了姨奶奶，他要带我到小公馆去玩，抱着我走到后门口，我一定不肯去，拼命扳住了门，双脚乱踢，他气得把我横过来打了几下，终于抱去了。到了那边，我又很随和地吃了许多糖。小公馆里有红木家具，云母石心子的雕花圆桌上放着高脚银碟子，而且姨奶奶敷衍得我很好。

我母亲和我姑姑一同出洋去，上船的那天她伏在竹床上痛哭，绿衣绿裙上面钉有抽搐发光②的小片子。佣人几次来催说已经到了时候了，她像是没听见。他们不敢开口了，把我推上前去，叫我说："婶婶，时候不早了。"（我算是过继给另一房的，所以称叔叔婶婶。）她不理我，只是哭。她睡在那里像船舱的玻

---

① 字块：（沪语）方块字。
② 抽搐发光：闪闪发光。

璃上反映的海,绿色的小薄片,然而有海洋的无穷尽的颠波悲恸。

我站在竹床前面看着她,有点手足无措,他们又没有教给我别的话,幸而佣人把我牵走了。

母亲去了之后,姨奶奶搬了进来。家里很热闹,时常有宴会,叫条子①。我躲在帘子背后偷看,尤其注意同坐在一张沙发椅上的十六七岁的两姊妹,打着前刘海,穿着一样的玉色袄裤,雪白的偎倚着,像生在一起似的。

姨奶奶不喜欢我弟弟,因此一力抬举我,每天晚上带我到起士林②去看跳舞。我坐在桌子边,面前的蛋糕上的白奶油高齐眉毛,然而我把那一块全吃了,在那微红的黄昏里渐渐盹着,照例到三四点钟,背在佣人背上回家。

家里给弟弟和我请了先生,是私塾制度,一天读到晚,在傍晚的窗前摇摆着身子。读到"太王事獯鬻"③,把它改为"太王嗜熏鱼"方才记住了。那一个时期,我时常为了背不出书而烦恼,大约是因为年初一早上哭过了,所以一年哭到头。——年初一,我预先嘱咐阿妈④天明就叫我起来看他们迎新年,谁知他们怕我熬夜辛苦了,让我多睡一会,醒来时鞭炮已经放过了。我觉得一切的繁华热闹都已经成了过去,我没有份了,躺在床上哭了又哭,不肯起来,最后被拉了起来。坐在小藤椅上,人家替我穿

---

① 叫条子:(沪语)叫妓女作陪。
② 起士林,天津最早的西餐馆。
③ 出《孟子·梁惠王下》:"惟智者为能以小事大,故太王事獯[xūn]鬻[yù],勾践事吴。"
④ 阿妈:(沪语)年长女佣。

上新鞋的时候,还是哭——即使穿上新鞋也赶不上了。

姨奶奶住在楼下一间阴暗杂乱的大房里,我难得进去,立①在父亲烟炕前背书。姨奶奶也识字,教她自己的一个侄儿读"池中鱼,游来游去",恣意打他,他的一张脸常常肿得眼睛都睁不开。她把我父亲也打了,用痰盂砸破他的头。于是,族里有人出面说话,逼着她走路②。我坐在楼上的窗台上,看见大门里缓缓出来两辆塌车③,都是她带走的银器家生④。仆人们都说:"这下子好了!"

我八岁那年到上海来,坐船经过黑水洋、绿水洋⑤,仿佛的确是黑的漆黑,绿的碧绿,虽然从来没在书里看到海的礼赞,也有一种快心的感觉。睡在船舱里读着早已读过多次的《西游记》。《西游记》里只有高山与红热的尘沙。

到上海,坐在马车上,我是非常侉气⑥而快乐的,粉红地子的洋纱衫裤上飞着蓝蝴蝶。我们住着很小的石库门房子,红油板壁。对于我,那也有一种紧紧的朱红的快乐。

然而,我父亲那时候打了过度的吗啡针,离死很近了。他独自坐在阳台上,头上搭一块湿手巾,两目直视,檐前挂下了牛筋绳索那样的粗而白的雨。哗哗下着雨,听不清楚他嘴里喃喃说些什么,我很害怕了。

---

① 立:(沪语)站。
② 走路:(沪语)离开。
③ 塌车:(沪语)手拉板车。
④ 家生:(沪语)物件。
⑤ 黑水洋、绿水洋:黄海和东海的旧称。
⑥ 侉 [kuǎ] 气:土里土气。

女佣告诉我应当高兴,母亲要回来了。母亲回来的那一天,我吵着要穿上我认为最俏皮的小红袄,可是她看见我第一句话就说:"怎么给她穿这样小的衣服?"不久,我就做了新衣,一切都不同了。我父亲痛悔前非,被送到医院里去。我们搬到一所花园洋房里,有狗、有花、有童话书,家里陡然添了许多蕴藉华美的亲戚朋友。我母亲和一个胖伯母并坐在钢琴凳上,模仿一出电影里的恋爱表演。我坐在地上看着,大笑起来,在狼皮褥子上滚来滚去。

我写信给天津的一个玩伴,描写我们的新屋,写了三张信纸,还画了图样。没得到回信——那样的粗俗的夸耀,任是谁也要讨厌罢?家里的一切,我都认为是美的顶巅。蓝椅套配着旧的玫瑰红地毯,其实是不甚谐和的,然而我喜欢它,连带的也喜欢英国了,因为英格兰三个字使我想起蓝天下的小红房子,而法兰西是微雨的青色,像浴室的瓷砖,沾着生发油的香。母亲告诉我英国是常常下雨的,法国是晴朗的,可是我没法矫正我最初的印象。

我母亲还告诉我,画图的背景最得避忌红色,背景看上去应当有相当的距离,红的背景总觉得近在眼前,但是我和弟弟的卧室墙壁就是那没有距离的橙红色,是我选择的,而且我画小人也喜欢给画上红的墙,温暖而亲近。

画图之外,我还弹钢琴、学英文,大约生平只有这一个时期是具有洋式淑女的风度的。此外还充满了优裕的[①]感伤,看到书

[①] 优裕的:做作的。

里夹的一朵花,听我母亲说起它的历史,竟掉下泪来。我母亲见了就向我弟弟说:"你看姊姊不是为了吃不到糖而哭的!"我被夸奖着,一高兴,眼泪也干了,很不好意思。《小说月报》上正登着老舍的《二马》,杂志每月寄到了,我母亲坐在抽水马桶上看,一面笑,一面读出来,我靠在门框上笑。所以到现在我还是喜欢《二马》,虽然老舍后来的《离婚》《火车》全比《二马》好得多。

我父亲把病治好之后,又反悔起来,不拿出生活费,要我母亲贴钱,想把她的钱逼光了,那时她要走也走不掉了。他们剧烈地争吵着,吓慌了的仆人们,把小孩拉了出去,叫我们乖一点,少管闲事。我和弟弟在阳台上静静骑着三轮的小脚踏车,两人都不作声。晚春的阳台上,挂着绿竹帘子,满地密条的阳光。

父母终于协议离婚。姑姑和父亲一向也是意见不合的,因此和我母亲一同搬走了,父亲移家到一所弄堂房子里。(我父亲对于"衣食住"向来都不考究,单只注意到"行"①,惟有在汽车上舍得花点钱。)他们的离婚,虽然没有征求我的意见,我是表示赞成的,心里自然也惆怅,因为那红的蓝的家无法维持下去了。幸而条约上写明了我可以常去看母亲。在她的公寓里第一次见到生在地上的瓷砖沿盆和煤气炉子,我非常高兴,觉得安慰了。

不久,我母亲动身到法国去,我在学校里住读。她来看我,我没有任何惜别的表示,她也像是很高兴,事情可以这样光滑无

---

① 行[háng]:(沪语)流行。

痕迹地度过,一点麻烦也没有。可是我知道她在那里想:"下一代的人,心真狠呀!"一直等她出了校门,我在校园里隔着高大的松杉远远望着那关闭了的红铁门,还是漠然。但渐渐的觉到这种情形下眼泪的需要,于是眼泪来了,在寒风中大声抽噎着,哭给自己看。

母亲走了,但是姑姑的家里留有母亲的空气:纤灵的七巧板桌子,轻柔的颜色,有些我所不大明白的、可爱的人来来去去。我所知道的最好的一切,不论是精神上还是物质上的,都在这里了。因此对于我,精神上与物质上的善,向来是打成一片的,不是像一般青年所想的那样灵肉对立,时时要起冲突,需要痛苦的牺牲。

另一方面,有我父亲的家,那里什么我都看不起:鸦片、教我弟弟做《汉高祖论》的老先生、章回小说,懒洋洋灰扑扑地活下去。像拜火教的波斯人,我把世界强行分作两半,光明与黑暗、善与恶、神与魔。属于我父亲这一边的必定是不好的,虽然有时候我也喜欢。我喜欢鸦片的云雾、雾一样的阳光,屋里乱摊着小报(直到现在,大叠的小报仍然给我一种回家的感觉)。看着小报,和我父亲谈谈亲戚间的笑话——我知道他是寂寞的,在寂寞的时候他喜欢我。父亲的房间里永远是下午,在那里坐久了便觉得沉下去,沉下去。

在前途的一方面,我有海阔天空的计划:中学毕业后到英国去读大学,有一个时期我想学画卡通影片,尽量把中国画的作风介绍到美国去。我要比林语堂还出风头,我要穿最别致的衣服,周游世界,在上海自己有房子,过一种干脆利落的生活。

然而，来了一件结结实实的、真的事。我父亲要结婚了。我姑姑初次告诉我这消息，是在夏夜的小阳台上。我哭了，因为看过太多的关于后母的小说，万万没想到会应在我身上。我只有一个迫切的感觉：无论如何不能让这件事发生。如果那女人就在眼前，伏在铁栏杆上，我必定把她从阳台上推下去，一了百了。

我后母也吸鸦片。结了婚不久，我们搬家搬到一所民初式样的老洋房里去，本是自己的产业，我就是在那房子里生的。房屋里有我们家的太多的回忆，像重重叠叠复印的照片，整个的空气有点模糊。有太阳的地方使人瞌睡，阴暗的地方有古墓的清凉。房屋的青黑的心子里是清醒的，有它自己的一个怪异的世界。而在阴阳交界的边缘，看得见阳光，听得见电车的铃与大减价的布店里一遍又一遍吹打着《苏三不要哭》。在那阳光里只有昏睡。

我住在学校里，很少回家。在家里虽然看到我弟弟与年老的"何干"受磨折，非常不平，但是因为实在难得回来，也客客气气敷衍过去了。我父亲对于我的作文很得意，曾经鼓励我学做诗。一共做过三首七绝，第二首咏夏雨，有两句经先生浓圈密点，所以我也认为很好了："声如羯鼓催花发，带雨莲开第一枝。"第三首咏花木兰，太不像样，就没有兴致再学下去了。

中学毕业那年，母亲回国来，虽然我并没觉得我的态度有显著的改变，父亲却觉得了。对于他，这是不能忍受的，多少年来跟着他，被养活、被教育，心却在那一边。我把事情弄得更糟，用演说的方式向他提出留学的要求，而且吃吃艾艾①，是非常坏

---

① 吃吃艾艾：口吃、不流利。

的演说。他发脾气,说我受了人家的挑唆。我后母当场骂了出来,说:"你母亲离了婚还要干涉你们家的事。既然放不下这里,为甚么不回来?可惜迟了一步,回来只好做姨太太!"

沪战①发生,我的事暂且搁下了。因为我们家邻近苏州河,夜间听见炮声不能入睡,所以到我母亲处住了两个礼拜。回来那天,我后母问我:"怎样你走了也不在我跟前说一声?"我说我向父亲说过了。她说:"噢,对父亲说了!你眼睛里哪儿还有我呢?"她刷的打了我一个嘴巴,我本能地要还手,被两个老妈子赶过来拉住了。我后母一路锐叫着奔上楼去:"她打我!她打我!"在这一刹那间,一切都变得非常明晰,下着百叶窗的暗沉沉的餐室,饭已经开上桌了,没有金鱼的金鱼缸,白瓷缸上细细描出橙红的鱼藻。我父亲趿着拖鞋,啪嗒啪嗒冲下楼来。揪住我,拳足交加,吼道:"你还打人!你打人我就打你!今天非打死你不可!"我觉得我的头偏到这一边,又偏到那一边,无数次,耳朵也震聋了。我坐在地下,躺在地下了,他还揪住我的头发一阵踢。终于被人拉开。我心里一直很清楚,记起我母亲的话:"万一他打你,不要还手,不然,说出去总是你的错。"所以也没有想抵抗。他上楼去了,我立起来走到浴室里照镜子,看我身上的伤,脸上的红指印,预备立刻报巡捕房去。走到大门口,被看门的巡警拦住了说:"门锁着呢,钥匙在老爷那儿。"我试着撒泼,叫闹踢门,企图引起铁门外岗警的注意。但是不行,撒泼不是容易的事。我回到家里来,我父亲又炸了,把一只大花瓶向

---

① 沪战:即1937年8月的淞沪抗战。

我头上掷来，稍微歪了一歪，飞了一房的碎瓷。他走了之后，何干向我哭，说："你怎么会弄到这样的呢？"我这时候才觉得满腔冤屈，气涌如山地哭起来，抱着她哭了许久。然而她心里是怪我的，因为爱惜我，她替我胆小，怕我得罪了父亲，要苦一辈子。恐惧使她变得冷而硬。我独自在楼下的一间空房里呆了一整天，晚上就在红木炕床上睡了。

第二天，我姑姑来说情。我后母一见她便冷笑："是来捉鸦片的么？"不等她开口，我父亲便从烟铺上跳起来劈头打去，把姑姑也打伤了，进了医院。没有去报捕房，因为太丢我们家的面子。

我父亲扬言说要用手枪打死我。我暂时被监禁在空房里，我生在里面的这座房屋忽然变成生疏的了，像月光底下的、黑影中现出青白的粉墙，片面的、癫狂的。

Beverley Nichols① 有一句诗关于狂人的半明半昧："在你的心中睡着月亮光。"我读到它就想到我们家楼板上的蓝色的月光，那静静的杀机。

我也知道我父亲决不能把我弄死，不过关几年，等我放出来的时候已经不是我了。数星期内我已经老了许多年。我把手紧紧捏着阳台上的木栏杆，仿佛木头上可以榨出水来。头上是赫赫的蓝天，那时候的天是有声音的，因为满天的飞机。我希望有个炸弹掉在我们家，就同他们死在一起我也愿意。何干怕我逃走，再三叮嘱："千万不可以走出这扇门呀！出去了就回不来了。"然

---

① Beverley Nichols（1898—1983），英国作家。

而，我还是想了许多脱逃的计划，《三剑客》《基度山恩仇记》一齐到脑子里来了。记得最清楚的是《九尾龟》里章秋谷的朋友有个恋人，用被单结成了绳子，从窗户里缒了出来。我这里没有临街的窗，惟有从花园里翻墙头出去。靠墙倒有一个鹅棚可以踏脚，但是更深人静的时候，惊动两只鹅，叫将起来，如何是好？

花园里养着呱呱追人啄人的大白鹅，唯一的树木是高大的白玉兰，开着极大的花，像污秽的白手帕，又像废纸，抛在那里，被遗忘了。大白花一年开到头，从来没有那样邋遢丧气的花。

正在筹划出路，我生了沉重的痢疾，差一点死了。我父亲不替我请医生，也没有药。病了半年，躺在床上看着秋冬的淡青的天。对面的门楼上挑起石灰的鹿角，底下累累两排小石菩萨——也不知道现在是哪一朝，哪一代……朦胧地生在这所房子里，也朦胧地死在这里么？死了就在园子里埋了。

然而，就在这样想着的时候，我也倾全力听着大门每一次的开关。巡警咕滋咖滋抽出锈涩的门闩，然后呛啷啷一声巨响，打开了铁门。睡里梦里也听见这声音，还有通大门的一条煤屑路，脚步下沙子的吱吱叫。即使因为我病在床上，他们疏了防，能够无声地溜出去么？

一等到我可以扶墙摸壁行走，我就预备逃。先向何干套口气，打听了两个巡警换班的时候。隆冬的晚上，伏在窗子上用望远镜看清楚了黑路上没有人，挨着墙一步一步摸到铁门边，拔出门闩，开了门，把望远镜放在牛奶箱上，闪身出去。——当真立在人行道上了！没有风，只是阴历年左近①的寂寂的冷，街灯下只看见一片寒灰。但是，多么可亲的世界呵！我在街沿急急走着，每一脚踏在地上都是一个响亮的吻。而且我在距家不远的地方和一个黄包车夫讲起价钱来了——我真高兴我还没忘了怎样还价。真是发了疯呀！随时可以重新被抓进去。事过境迁，方才觉得那惊险中的滑稽。后来知道何干因为犯了和我同谋的嫌疑，大大的被带累。我后母把我一切的东西分着给了人，只当我死了。这是我那个家的结束。

我逃到母亲家，那年夏天我弟弟也跟着来了，带了一双报纸包着的篮球鞋，说他不回去了。我母亲解释给他听，她的经济力量只能负担一个人的教养费，因此无法收留他。他哭了，我在旁边也哭了。后来他到底回去了，带着那双篮球鞋。

何干偷偷摸摸把我小时的一些玩具私运出来，给我做纪念，内中有一把白象牙骨子、淡绿鸵鸟毛扇子，因为年代久了，一扇便掉毛，漫天飞着，使人咳呛下泪。至今回想到我弟弟来的那天，也还有类似的感觉。

我补书②预备考伦敦大学。在父亲家里孤独惯了，骤然想学做人，而且是在窘境中做"淑女"，非常感到困难。同时看得出我母亲是为我牺牲了许多，而且一直在怀疑着我是否值得这些牺牲。我也怀疑着。常常，我一个人在公寓的屋顶阳台上转来转去，西班牙式的白墙在蓝天上割出断然的条与块。仰脸向当头的

---

① 左近：将近。
② 补书：补课。

烈日,我觉得我是赤裸裸的站在天底下了,被裁判着像一切的惶惑的未成年的人,因于过度的自夸与自鄙。这时候,母亲的家不复是柔和的了。

考进大学,但是因为战事,不能上英国去,改到香港。三年之后,又因为战事,书没读完就回上海来。公寓里的家还好好的在那里,虽然我不是那么绝对地信仰它了,也还是可珍惜的。现在我寄住在旧梦里,在旧梦里做着新的梦。

写到这里,背上吹的风有点冷了,走去关上玻璃门,阳台上看见毛毛的黄月亮。

古代的夜里有更鼓,现在有卖馄饨的梆子,千年来无数人的梦的拍板:"托、托、托、托。"——可爱又可哀的年月呵!

论夫妻吵架

苏青

苏青（1914—1982），笔名，本名冯允庄，民国才女，与张爱玲齐名的海派女作家，重要作品有长篇小说《结婚十年》《歧途佳人》、剧本《江山遗恨》和散文集《浣锦集》《饮食男女》《逝水集》等。本文选自《饮食男女》。

夫妻吵架是家庭中的一件小事，很少有夫妻不吵架的；但夫妻吵架又是一件大事，因为弄不好，家庭就会解体。所以，在生活中（至少在中国人的生活中）就有了一件为吵架夫妻劝架的事。本文所谈，就是关于她是如何劝架的，细细叨叨，生动有趣，不仅反映了旧上海滩上的一方风俗人情，其中还不乏某种心理学意味，对夫妻双方的心理都揣摩得很逼真。文中不仅说到了夫妻吵架，还说到了最容易引起夫妻吵架的一个原因——丈母娘。特别是对丈母娘的描述，虽然只有寥寥数语，却栩栩如生、活灵活现。

不过，需要说明的是，本文写到的夫妻，仅限于旧上海滩上的小资夫妻。至于其他阶层的夫妻是如何吵架的，也许很不一样。但作者只能写到这样的小资家庭，因为她不仅出生在这样的家庭中，自己组织的，也是这样的家庭。

近来，常为朋友夫妻吵架忙着做和事佬。照例，先是女方气愤愤的跑来告诉，一面擦着眼泪："你瞧，昨天早晨他又来同我吵嘴了，说是为什么没把袜跟上一个破洞补好。其实那洞子是极小极小，穿上皮鞋再也看不出什么的。我知道他实是为了清早给孩子吵醒欠睡的畅快，没好气才找我来寻事的。可是我不也一样的没睡得舒服吗？谁叫他每趟①半夜三更才回来的呢？这种日子我再也过不下去，真的，"她擦干眼泪坚决地说，"还是大家离了婚好！"

我听了暂不置答，先抬眼向她全身打量一下：头发是否刚刷过油？脂粉浓淡是否恰好？手帕、提箧②之类是否依旧带得应有尽有？……假如这类答案都是正面的话，那我就有对付办法。对付一个正在十分气恨的人只能装出严肃态度，同情地静静倾听她的诉说，自己除时而微微点头以外，最好始终默不作声，劝解的话也推情度理免开尊口。然而要对付这类只有七分气恼的人呢？就可用插科打诨办法，指着她腕上手表之类，絮絮盘问这个可是他新近送给她的生日礼物？走得快慢如何？哪国出品？长短针有没有互相轧住过？接着再讨论讨论女人手表的式样究竟是长方美观呢，还是圆形式、椭圆形的时髦等等。她起初当然没心思答白，可是我既然问了这么一大串，总也不好意思不敷衍着回答一二。渐渐地，她想起了这手表的惊人高价，脸上不期而然的露出得意颜色，问我可要照样买上一只。他有个表兄是钟表公司副

---

① 每趟：（沪语）每次。
② 提箧：领包。

手,叫他去买是断断不会吃亏的。这样从买表的事再讲到买表的人,把昨晨吵架的经过不免又复述一遍。不过,这次却没有了那颤着的声音。眼睛虽有时仍旧擦擦,帕上也并无什么泪渍,只擦掉了一些胭脂。而刚才所说的他责她为什么不把袜子破洞补上这句话呢,就陆续加上不少句注解,大意是:虽然你自己不必动手做,也得关照陈妈一声,你是主妇,这个吩咐的责任总逃不脱的吧,这自然我明白她的身份,她可不是干补袜子这类贱役的人,她丈夫也决不敢以此相诘责的。至于她丈夫,又怎么可以屈就那双破袜子呢,虽说洞子极小极小。因此,她的"注解二"就是:"你知道昨天早晨不是阴沉沉的像要落雨吗?他怕那双美国货麂皮鞋靠不住会漏水,所以忙着把薄羊毛袜脱下来换只纱袜子穿。但他的上好纱袜早经陈妈扎好放进大橱子里去了,这双有破洞的放在外面,是存心送给陈妈的兄弟穿的……"她在后悔气头上告诉过我的种种了,我也赶紧拿别的话来岔了开去,大家胡乱谈上一阵。最后我问她:"那么昨天晚上他回来得早不早呢?"

这又提醒了她的记忆,原来还有一桩事情没告诉我,她当时吵了一场,便抱着孩子到娘家去了,所以他以后怎样,便不知道。在我提出这句问话以后,她的神情显然不安起来,她在担心自己跑出以后,他或者真会出去狂舞达旦①呢。于是我就知道,讨论具体办法的时机到了,先代他辩护解释一番,再派她几个小小不是②,最后才表示自己的意见:"就不怕他急坏,为了孩子,

---

① 狂舞达旦:通宵跳舞直到天明。
② 派不是:(相对于"赔不是")责怪。

也得回家去哩。"那时她口中虽还勉强咕哝着,看神色似乎早已赞成我所说回去的原则了,只不过回去的方式怎样呢?总不成自己跑了出来,过一天又自己跑上门去?她显然有些烦恼。"我决定还是不回去了,"她重复地喃喃说着,"我决定还是不回去了。"

我知道这句话儿的后文,那该是:"除非他亲自到母亲那里来陪我。"于是我担保他是十二万分愿意的。

这样,在她走后,我就打个电话去邀她男人。我没有告诉他为什么请他过来的原因,他也没有问我,大家肚里该是雪亮的。我开始计算时间,从他打电话到我家的时间距离①上面,我可以测知他急于求和的心理。我告诉他刚才他的太太来过。他装出满不关心的样子。我问他这事待怎样解决,他说这根本无所谓解决不解决,她高兴来就来,不高兴来就拉倒,家庭原是毫无意义的东西。"况且当时我又不曾叫她走过,"他重复地说,"现在她要来就来,不来就拉倒,我是根本无所谓的。"

在这种场合之下,我知道一切已经水到渠成了,遂也不再讨论下去,大家谈些别的东西,约定本星期日到他家去找他。我没有告诉他为什么要找他的理由,他也没有问我,大家肚里仍旧雪亮的。到了约定那天,我邀集三五个友人同往,大家逼着他快去岳家恭迓②太太,事情便完了。

---

① 那时绝大多数人家里没有电话,打的通常是公用的"传呼电话",即:A用某个传呼电话打给所要的另一个传呼电话,对那里的传呼人说要和某号某室的B通话,并告诉传呼人回电号码,然后等着;传呼人挂掉电话,去通知B,并把回电号码告诉B;B可马上或等一会儿去给A回电。

② 恭迓〔yà〕:恭迎。

不过，话得说回来，这完全的是我辈和事佬的责任，至于他俩是否就能和好如初，那却要看有无第三者再来阻碍而定了。夫妻争吵顶怕有个第三者夹在中间；不要说夹在中间，就站在面前也是使事态扩大的主要原因。许多夫妻吵架在上半场或许还是为所争事物的本身而闹，下半场却大抵都是因有第三人在场，大家为争回面子而不得不继续胡闹下去，希望抢此最后一句，作为光荣胜利的标志。

从前我曾替表兄家荐去一个很勤敏的女佣，但不到两个月他们就把她辞歇出来了，表兄为了这事很觉抱歉，特地过来向我解释："那女佣做事很合吾意，你表嫂也着实欢喜她。但却有一件事不好，就是自她来上工后，你表嫂生怕她会把我们偶尔吵嘴的情形出来告诉给你们大家听，因此每当我稍有指摘便大哭大闹，说是有意削她面子给娘姨外面笑话去了，非叫我当着娘姨的面给她讲好话不可。我实在受不了这种麻烦，她自己也觉得多花精神冤枉，因此我们决定辞歇了她，另到荐头店①里喊去，这样你表嫂就偶尔让我一句，也不怕有人笑话到亲戚耳中去了。"我相信表兄说的是实话，一个妻子往往只肯在房间里悄悄给丈夫擦背，不肯在众人面前替暑天刚回家来、累得满头是汗的男人绞一把手巾。这是新式女子的面子观念，做丈夫的能体谅她，家中就得太平无事。而且，进一步还可以利用她这种心理，在两口子私下争吵时，以高声嚷起来人家都听见为要挟，那时你太太怕失面子，

---

① 荐头店：旧时的保姆介绍所。

盛怒自会降作娇嗔①的。女人们最爱在人前逞强,她可以为怕第三者听见而委屈忍耐,也可以因第三者在场而倔强到底。

至于男人方面呢?大抵总是火性一冒,程咬金三斧头②厉害。只要太太们能够牢记"好汉勿吃眼前亏"这句老话,沉着应付,在开头时暂且虚身一闪,躲过了这锋头,以后便可拿出你的杀手锏来了。而且照一般情形而论,来势愈猛的人,挂免战牌也愈快,做太太的应该认清这点,面子全在后头,可用智取而不宜力敌。若一闻恶声便立刻怒形于色,轮起板斧不问青红皂白的杀回过去,那种黑旋风式的愚蠢战略,女将军们是要不得的。不过,要是她真个腼腆若处子③,一声狮吼便丧魂落魄呢,那就这样也无伤大雅。总之,夫妻之间若有东风压倒了西风,或者西风压倒了东风的现象的话,吵架这个阶段总是难以避免的。而吵架时期的孰胜孰败,却要看哪个更能"知己知彼"了。

还有一点谨请太太们注意:三十六着,走为下策,逃回娘家是万万使不得的!在如今盛行小家庭制度时代,恶婆婆与刁钻姑娘等压力是再不能加在新妇头上了,代之而起的却是岳母大人潜势袭击姑爷④,虽说男人们度量较大,有时候也会狺狺⑤起来。尤其是岳母寡居而妻系独女,满月回门那番千怜万舍不得的样子,会使你看了怪不舒服。"儿呀,多嚼几口润润喉咙吧,那是你哥哥新近带来的上好四川银耳呀,吃了会滋阴的。你们两口子

---

① 娇嗔[chēn]:佯装生气的娇态。
② 程咬金三斧头:(沪俚语)喻只有一时之勇,无长力。
③ 处[chǔ]子:处女。
④ 姑爷:岳家对女婿的称呼。
⑤ 狺[yín]狺:原义为"狗叫",转义为"吵闹"。

如今在外头只租一间楼面,统共雇了一个娘姨①,煮饭烧水还忙不过来,哪有工夫替你料理些补品呢。你的身子又单薄——姑爷,你怎么也呆着一动不动呀?大家多喝几口吧!"不管你心中暗骂:"老太婆既然舍不得女儿,干吗不一世藏在家里享福,嫁我这样穷光蛋作啥呀?"丈母娘只管唠叨下去:"她父亲在世的时候,真一些风儿也舍不得她吹一下的呢。如今虽说福气上头欠缺一些,幸亏家里不愁吃着,我每年照样也将她喂得胖胖的。她哥嫂都万般看重她,在家里真是饭来开口,茶来伸手,什么都是现成,连欠一欠身子还怕她累了呢!如今自己在外面租房子,什么都得自己料理,虽说有个娘姨……"妻听了这些以后似乎益发娇惯起来了,索性嗔着银耳太甜不好吃,要吃一些咸的点心。她母亲偏着头想了半天,这样不好,那样又不好,看得你满心不耐烦只想走,而岳母大人又在留吃晚饭了。"我看你们新派人又没有什么别的规矩,公婆都是另外住的,谁人敢来说说闲话?儿呀,你们两口子吃过晚饭索性就在这里过夜吧,东厢房床铺刚收拾过……"那时任凭怎样好性儿,也忍不住赌起气来,沉着面孔对爱妻道:"既然岳母坚留,你就在这里多住几天吧,我明天要上写字间,晚上不能再耽搁了。""上写字间有什么打紧,明天一早我叫阿四拉你前去②便是了。况且你们房间里又没装炉子,晚上回去也冷清清的……"她说这话虽也自以为满心出于关顾,而你听起来仿佛句句都在嘲笑穷措大③样子,于是你愤然站起来

---

① 娘姨:(沪语)女佣。
② 叫阿四拉你前去:叫(拉黄包车的)阿四(用黄包车)拉你前去。
③ 穷措大:穷书生(措大:也作"醋大",喻寒酸)。

抓帽子了，妻又待嗔不嗔的阻她母亲："妈，他要去就让他自去也罢，写字间写字间，像煞有介事的①。九点钟上写字间还得……哼！"假如你不忍过拂②爱妻之意，你得放下自己的帽子，默默地坐到原位上去，听她母女俩闲话家常。那些都是你所不懂的，也没有兴趣，可是只好忍受，忍受到夜深人静，呵欠连连始得被送进东厢房里睡去。不少个女婿都把岳母恨之刺骨，假如做妻子的一吵架便跳上电车回娘家去了，男子们就会立刻想起岳母平日的教唆嫌疑，甚至疑心这次吵嘴也是她们母女俩预先定好的阴谋呢。

那时万一岳母大人仍不知就里③，非但不能善避嫌疑，反而根据爱女一面之词，集合子侄辈大兴问罪之师起来，事情就闹僵了。须知一个男人要是一经岳家诘责便慑伏了，这种懦弱之辈只太太独自也驭之有余，根本无须劳师动众。否则，稍知自尊的男人虽可屈膝于太太娇嗔之下，却万不能俯首帖耳于泰山泰水④小舅子诸人之前。夫妻争吵若闹到这个地步，他们间内心裂痕是永远难以弥缝的了。

年轻的夫妻们，请不要看轻那一场小小的争吵吧，却不道"星星之火，可以燎原"呢！我每每奇怪，为什么他们这些家庭龃龉，不先不后却发生在初冬之际。经数次实地考察结果，始恍然大悟其症结所在，在于太太专心打绒线衫⑤。我知道除极少数

---

① 像煞有介事的：(沪语) 像有那么回事似的（即装模作样）。
② 过拂：过分违逆。
③ 就里：内情。
④ 泰水：(戏语) 泰山即岳父，以"泰水"戏称岳母。
⑤ 绒线衫：(沪语) 毛衣。

以外，没有一个男人不喜欢回家以后，有个太太陪他坐坐谈谈。太太对他的一切应多多关切，至少在言态上，漠然的样子是要不得的。但是十个女子九爱绒线，一天到晚四枚编针滴滴答答忙个不了，背心、衫子、手套、长袜，一件织好又一件，新的打好了旧的赶快拆掉重结，弄得家中书架上是绒线团，床毯上是绒线团，一眼望去到处却是滚来滚去的绒线团子，这个已经够使男人们看见心烦了，更何况太太的眼呀、手呀统统都为绒线而忙。你对她讲股票缩了，待理不理；告诉她新书出版了，她更加毫不在意的数她一针、二针、几十针、几百针。这样一来，做丈夫的便不想跑出去，也准得寻件事来大吵大闹一场了。

还有一点容易增加吵架危机的，便是男人们于当年择偶之际，往往喜欢拣个天真活泼的女子，而到了结缡①之后，却又后悔天真无用，原来赤子之心②，就是这样任性胡行，只知有己，不知为人的，尤其是值兹③生活艰难之际，"妻也天只，不谅人只"④，一个不解事不体贴的妻子，给予丈夫精神上的苦痛，实是远在其他一切物质困苦之上呢。故君子尤贵乎慎始⑤。

---

① 结缡 [lí]：成婚。
② 赤子之心：即天真。
③ 值兹：在此。
④ 套用《诗经·鄘风·柏舟》："母也天只，不谅人只。"只：（语气词）相当于"啊"。谅：体谅。
⑤ 慎始：一开始就慎重。语出《左传·襄公二十五年》："慎始而敬终，终以不困。"

对谈记
——关于妇女、家庭、婚姻诸问题
张爱玲　苏青

本文原刊 1945 年 3 月《杂志》月刊第 14 卷第 6 号，后收入《张爱玲散文集》。

这是一次记者采访的记录，所谈的是当时的婚姻与家庭问题，其中有些问题，今天看来可能已经过时，但这里谈到的大多数问题，即使在今天，似乎仍有现实意义——在将来，或许依然如此。因为这些问题涉及基本人性，既古已有之，又将永远谈下去。

主办者：《杂志》月刊记者

对谈者：张爱玲、苏青

时间：民国三十四年二月廿七日下午

地点：张爱玲女士寓

记者前言：当前上海文坛上最负盛誉的女作家，无疑的是张爱玲和苏青，她们都以自己周围的题材从事写作，也就是说，她们所写都是她们自己的事。由女人来写女人，自然最适当。尤其可贵的，似乎在她们两位的文章里，都代表当前中国知识妇女的一种看法、一种人生观。就是在她们个人的谈话中，记者也常可以听到她们关于妇女问题的许多独特的见解。因此，记者特约张、苏两女士举行对谈，以当前中国的妇女、家庭、婚姻诸问题为对谈题材。对谈的结果非常好，更难得的是，她们两位对于记者所问的，都提供了坦白的答案。记者愿意在这里向读者们郑重介绍以下的对谈记录，并向参加对谈的张、苏两君表示谢意。

职业妇女的苦闷

记者：今天预定对谈的是妇女、家庭、婚姻诸问题，承蒙你们两位准时出席，非常感谢。今天对谈的题目范围甚广，我想先从妇女职业问题谈起吧！苏青女士已从家庭妇女变成了职业妇女，同时在苏女士的文章里似乎时常说职业妇女处处吃亏，这样说来，苏女士是不是主张妇女应该回到闺房里去的？

苏青：妇女应不应该就职或是回到家庭去，我不敢作一定论。不过，照现在的情形看，职业妇女实在太苦了，万不及家庭妇女那么舒服。在我未出嫁前，做少女的时候，总以为职业妇女是神圣的，待在家庭里是难为情的，便是结婚以后，还以为留在家里是受委屈。家庭的工作并不是向上性的，现在做职业生活比家庭生活更苦，而且现在大多数的职业妇女也并不能完全养活自己，更不用说全家了，仅是贴补家用或个人零用而已，而外界风气也有转变（可以说是退潮的时期①），对之并不感到如何神圣

---

① 退潮的时期：指始于新文化运动时期的"新女性运动"到了40年代已成强弩之末。

而予以尊视,故目下我们只听到职业妇女嫁人,而没有听到嫁了人的妇女定愿无故放弃家庭去就职的。这实在是职业妇女最大的悲哀。

记者: 所谓职业妇女的痛苦是不是指工作的辛苦?

苏青: 是呀,工作辛苦是一端,精神上也很痛苦。职业妇女,除了天天出去办公外,还是兼做抱小孩、洗尿布、生煤球炉子等家庭工作,不像男人般出去工作了,家里事务都可以交给妻子,因此职业妇女太辛苦了,再者,社会人士对于职业妇女又决不会因为她是女人而加以原谅的,譬如女人去经商,男人们还是要千方百计赚她的钱,抢她的帽子,想来的确很苦痛。还要顾到家庭,确很辛苦。

张爱玲: 不过我觉得,社会上人心险恶,那本来是这样的,那是真实。如果因为家庭里的空气甜甜蜜蜜,是一个比较舒适的小天地,所以说家里比社会上好,那不是有点像逃避现实么?

苏青: 从感情上讲,在家里受了气,似乎无关紧要,一会儿就恢复了。但在社会上受了气,心里便觉得非常难过,决不会容易忘怀的。

张爱玲: 嗳,真的!有一次我看见个阿妈打她小孩,小孩大哭,阿妈说:"不许哭!"他抽抽噎噎,渐渐静下来了。母子之间,僵了一会,他慢慢地又忘了刚才那一幕,"姆妈①"这样,"姆妈"那样,问长问短起来,闹过一场,感情像经过水洗的一

---

① 姆妈:(沪语)妈妈。

样。骨肉至亲到底是两样的。

苏青：不知怎样，在家里即使吃了亏，似乎可以宽恕，在社会上吃了亏，就记得很牢。

张爱玲：我并不是根据这一点就主张女子应当到社会上去，不应当留在家庭里。我不过是说，如果因为社会上人心坏而不出去做事，似乎是不能接受现实。

记者：你们所谓"人心险恶"，恐怕不过是女性方面的看法。以男性来说，他们是必须要到社会上去的，因为要生活。而女性则不然，因为她们还有一个家庭可以作逋逃薮①，像男人就无法逃回家庭去，女人因为还有家庭可回，所以觉得人心太险恶了。其实社会人心的险恶，向来如此，男性是一向遭遇惯了的。职业妇女的吃亏恐怕还是由于社会轻视女性的见地，但是女性也有占便宜处，像跑单帮女人就处处占便宜。我想请问一句，就是妇女应不应该就职？

苏青：我讲，虽不定是"应该"，但已确定是"需要"的。不过，问题是职业妇女除做事外还得兼顾家务，不像男职员的工作那末单纯。家务工作尤其浪费时间，我觉得烧三个人吃的菜比烧一个人的菜，工作并不加重多少，但每一家都各自烧菜，许多妇女的时间精神都浪费在这上面，所以我主张职业妇女的家庭工作应该设法减少，譬如解决管理孩子问题可以组织里弄托儿所，关于洗衣，如有价廉而工作好的洗衣店，那洗衣又何必自己动手呢？同样的，烧饭也不必一定要亲自动手，要吃饭，上公共食堂

---

① 逋逃薮：躲避之地（逋逃：藏匿。薮［sǒu］：多草的湖泽）。

不就得了？当然，偶然高兴，自己烧一次菜，也不会觉得讨厌。我总觉得家庭里不必浪费而浪费的时间太多了，像上小菜场的讨价还价，以及轧电车等等。假使商店都是划一价格的，女人就不必跑来跑去去拣，或是到处讨价还价了，岂不爽快？

张爱玲：我觉得现在，妇女职业不是应该不应该的问题了。生活程度涨得这样高，多数的男人都不能够赚到足够的钱养家，妇女要完全回到厨房里去，事实上是不可能的，多少就需要一点副业，贴补家用。

苏青：我所谓职业妇女太苦，综括起来说，第一是必需兼理家庭工作，第二是小孩没有好好的托儿所可托。第三是男人总不大喜欢职业妇女，而偏喜欢会打扮的女人，职业妇女终日辛辛苦苦，结果倒往往把丈夫给专门在打扮上用功夫的女人夺去。这岂不冤哉枉也！

张爱玲：可是你也同我说起过的，常常看到有一种太太，没有脑筋，也没有吸引力，又不讲究打扮，因为自己觉得地位很牢靠，用不着费神去抓住她的丈夫。和这样的女人比起来，还是在外面跑跑的职业女性要可爱一点，和社会上接触得多了，时时刻刻警醒着，对于服饰和待人接物的方法，自然要注意些。不说别的，单是谈话资料也要多些，有兴趣些。

记者：职业妇女也可以考究打扮的呀！

张爱玲：就是太吃力了，又要管家，又要做事，又要打扮。职业妇女同时还要持家，所以，如果她只能做比较轻的工作，赚的钱比男人少，也不能看不起她，说男女没有同等能力，男女平等无望那样的话。比较轻的工作，我的意思是时间比较短的，并非不费力。有些职业,很不吃力,可是必须一天到晚守在那里,那还是妨碍了家庭工作。

苏青:的确,像女佣人的工作时间就是不合理的,像我家的女佣便三年不曾回家过,夫妇之道固然没有,就是她私生活也是没有的。

记者:张小姐家女佣人怎样?

张爱玲:我们的阿妈早上来,下午回去,我们不管她的膳宿,不过她可以买了东西拿到这里来烧。我不很喜欢佣人一天到晚在眼前,吃饭的时候还立在旁边代人盛饭。

苏青:有次我到朋友家里去吃饭,添饭的佣人还是一个小孩,他只对我直视,我真难过极了。

张爱玲:尤其是剩下的菜,如果是给佣人吃的,要时刻注意,多留下一点,吃得很不舒服。

苏青:我听见过一个笑话:有一次一个人吃鱼,一面吃完了,再翻过一面来,站在旁边的仆人眼见鱼不剩了,气急起来,把笔在嘴唇上抹了两撇胡子,主人问他干嘛?他说:"你顾自己的嘴巴,不用管别人的嘴了。"

用丈夫的钱是一种快乐

记者:现在一个职业妇女所赚的钱,恐怕只够买些零星东西,或是贴补家用吧?

张爱玲:是的,在现在的情形下,恐怕只能做到这样。

记者:从一个女性来看,还是用自己赚来的钱快活呢,还是用别人的钱快活?

苏青：那我要说，还是用别人的钱快活。

记者：为什么呢？

苏青：用母亲或是儿子辛苦赚来的钱固然不见得快活，但用丈夫的钱，便似乎觉得是应该的。因为我们多担任着一种叫做生育的工作。故觉得，女子就业倒决不是因为不该用丈夫的钱，而是丈夫的钱或不够或不肯给她花了，她须另想办法，或向国家要求保护。

张爱玲：用别的人钱，即使是父母的遗产，也不如用自己赚来的钱来得自由自在，良心上非常痛快。可是用丈夫的钱，如果爱他的话，那却是一种快乐，愿意想自己是吃他的饭，穿他的衣服。那是女人的传统的权利，即使女人现在有了职业，还是舍不得放弃的。

苏青：女人有了职业，还有一个好处，就是离婚时或是寡居时，小孩可以有保障，譬如我从小就没有父亲，母亲又没有职业，所以生活不大好。假使母亲当时是职业女性，也许就生活得更好。

记者：男子和女子的工作效能有没有差别？

张爱玲：当然，一般女人的程度是比较差的……

苏青：做戏，女人可没有差吧！

张爱玲：就连做戏，女人如果生得美，仿佛即使演技差一点，也可以被宽容的吧？这样的例子很多，尤其在银幕上。

苏青：我总不很相信，从前有一位文友对我说："你们女人总不会拉黄包车①呀!"我就回答道:"我是不能够,但是你就能够吗?"

职业女性的威胁——丈夫被别人夺去

记者:我看你们总以为专会打扮的女人是职业妇女的威胁,其实将来风气也许会变,一般人都会重视职业妇女,而专会打扮的女人也许反而不时髦了。

张爱玲:可是男人的天性总不见得变得这样快。

苏青:我看到某刊物上有这样的记载(当然我也并不一定认为可靠,但无论如何总是一种有趣的讽刺),说莫斯科有一次会议里讨论到妇女的打扮问题,结果女的方面不主张打扮,男的方面都举手欢迎打扮;还有一次听到商店里有化妆品出售,虽然理论家大声疾呼,叫女人们千万别轻自堕落,但女工们还是拥挤着去争买,后来闹到红军出来维持秩序才休。

张爱玲:有些女人本来是以爱为职业的。

苏青:她们是专家,普通的职业妇女恐怕竞争不过她们。

记者:专门以爱为职业的女子恐怕只是少数人吧?

张爱玲:并不少。

苏青:正当的妇女很辛苦的工作,以爱为职业的女人很容易把她们的丈夫抢了去,这对于兼做社会工作的女人真是太吃亏了。还有卖淫的制度不取消,男人尽可独身而解决性生活,结果

---

① 黄包车:(沪语)一种载人的人力车。

会影响到女性方面的结婚问题。

张爱玲：家庭妇女有些只知道打扮的，跟妓女其实也没有什么不同。

苏青：做妓女真是最取巧的职业，犹如以武力来抢取别人用劳力获得的财富。

记者：如何可以消灭这制度呢？

苏青：这是很困难的。

科学育儿法

记者：苏青女士在某一篇文章里曾说过科学育儿法，究竟什么是科学育儿法呢？

苏青：我以为母亲管小孩并不是完全没有害处，倘若小孩生胃肠病，吵着哭，做母亲的，总心软，喂给他吃，可是倘若交给别人，就可以实行科学管理，不给他吃。一般的母亲没有常识，就说我，从小她们就常给我吃豆酥糖，所以现在牙齿弄得很坏，假使能采用科学管理，就不会这样。

母亲的感情

记者：女人常说，男人都不可靠，你们以为怎样？

苏青：我并不存在什么偏见，只不过在一切都不可靠的现社会里，还是金钱和孩子着实一些。

记者：这样说，养孩子是女人比较好的投资了？

苏青： 我并不觉得顶好。不过，我们宁愿让感情给孩子骗去，而不愿意受别的不相干的人的骗。

被屈抑的快活

记者： 苏女士是不是觉得男女一切方面都该完全平等？

苏青： 假使女人在职业及经济上与男人太平等了，我恐怕她们将失去被屈抑的快乐，这是有失阴阳互济之道的，譬如说以性心理为例吧，男的勇敢，女的软弱，似乎更可以快活一些，倘若男女一样的勇敢，就兴趣全失的了。我有这样感觉，倘若同男的一块出去，费用叫我会钞①，我就觉得很骄傲，可是同时也稍微有些悲哀，因为已经失去被保护的权利了。这并不是女人自己不争气，而是因为男女有天然（生理的）不平等，应该以人为的制度让她占便宜来补足，叫我请客，便有不当我是女人的悲哀。假如我有，则我倒是很希望自己的丈夫常请人家客的。

张爱玲： 一般人总是怕把女人的程度提高，一提高了，女人就会看不起男人。其实用不着担忧到这一点，如果男女的知识程度一样高（如果是纯正的而不是清教徒式的知识），女人在男人之前还是会有谦虚，因为那是女性的本质，因为女人要崇拜才快乐，男人要被崇拜才快乐。

苏青： 假如女人的程度太提高了，男的却低，女人还是悲哀

---

① 会钞：（沪语）付账。

的。我就独怕做了女皇,做了女皇谁又配做我的配偶呢?

张爱玲:前两天在报上看到关于菲律宾的一个岛上,女权很高,因为一切事情都由女人来做,男人完全被养活,懒得很,只知道斗鸡赌博。那样的女权我一点也不羡慕。

苏青:我说只要男女同样做事,就该同样被尊重,固不必定要争执所做事情的轻重,男人会当海军,会造兵舰,并不比女打字员高贵,就是管小孩、处理家务的女人,也同样的出着劳力。不过,这也得有保障才行,法律该有明文规定:男女的职业虽然不同,但是职业的地位是平等的。现在有人说"管家就是职业",可是普通职业可以解职,而女人这职业是终身的。倘若丈夫中途变心时,又该怎么办呢?

女人最怕"失嫁"

记者:现在再谈婚姻问题吧。目前上海女人的结婚方式是怎样的?

苏青:目前结婚的方式还是不一律,有的新式,有的旧式,有的半新半旧,大多数是先经介绍,后交朋友,然后再订婚。

记者:本期《杂志》里有篇文章,叫《女大不嫁》,说到现在女性择配困难,以前总是中学女生想嫁大学生,大学生想嫁留学生。现在战事发生,没有了留学生的来源,于是大学女生就难有对象,譬如一家做生意人家,要娶个大学毕业的女生做媳妇,总觉得不妥。

苏青:在十年前,革命空气浓厚,大家心理上总以为娶新式老婆好,现在是停滞退潮时候,以为娶个旧式老婆反而实惠。新式女子只能找个把来做做情人,所以知识女子更吃亏了。

记者:假使你有个妹妹,要你替她择配,你会提出什么条件呢?

苏青:女人以"失嫁"为最可怕。过时不嫁,有起生理变态的危机。不过,知识浅的还容易嫁人,知识高的一时找不到正式配偶,无可奈何的补救方法,说出来恐怕要挨骂,我以为还是找个把情人来补救吧,总较做人家的正式的姨太太好。丈夫是宁缺勿滥,得到无价值的一个(整个),不如有价值的半个,甚至仅三分之一。不过,这样一来,社会对私生子应该承认他的地位。这样说来,似乎太便宜了男人。不过,照目前(希望仅限于目前)实际情形而论,男人也有他的困难,因为在习惯和人情上,不能牺牲他的第一个妻子(假定她是不能自立的,也无法改嫁的)。而知识妇女自有其生活能力,不妨仅侵占别人感情而不剥夺别人之生活权利。自然,能够绝对不侵占更好。不过,现代男人多数早婚,而职业妇女常常迟嫁。这是过渡时代的无可奈何的办法,原是不足为训的,而且每人的结婚倘仅限一次,实在太危险,因为年轻人观察力差,而年老了又要色衰。我的主张是尽自己能力观察,观察停当(自以为停当)就结婚,虽然总想天长地久,不过,就是不久长也罢,多嫁几次只不过是自己的不幸,既非危害民国的事,亦无什么风化可伤也。

记者:现在的婚姻制度恐怕不能说合理吧?离婚在事实上又很困难……

苏青:离婚不成问题,至于小孩,依我说最好由父亲出钱,归母亲抚养。假如男的不出钱，不妨就带他们去做拖油瓶①，据说范文正公②便是做拖油瓶出身，他的继父姓朱，似乎后世也并不因此就看轻他。做继父的与孩子接触不多，实在没有讨厌他们的理由……

张爱玲：一半，男人也是为了面子关系。

苏青：但是，慢慢儿就会好的。我总觉得孩子与女人关系来得密切，并未碍着男人什么事。而后母管养前妻的子女便不行，因为他们是时时接触的，容易发生冲突。

张爱玲：离婚后的小孩也并不如一般人想象的那么痛苦。

记者：一夫一妻制到底是否合理？

苏青：比较合理，但不能严格执行，其间应该有伸缩余地。譬如说，这次战后我恐怕又要盛行多妻了（法律虽不允许，亦不忍严禁）。原因倒不一定是战死的人太多，而是有许多男人活着也讨不起老婆。将来无生活能力的女人必定求着去当人家姨太太，有生活力的女人只好非正式的向别人分润些爱情。这话又该给人家骂为无志气，但希望有志气的女人们速速自去断绝生殖机能吧。

记者：在现社会，早婚还是相当流行的……

张爱玲：早婚我不一定反对，要看情形的。有些女人，没有什么长处，年纪再大些也不会增加她的才能见识的，而且也并不美，不过年轻的时候也有她的一种新鲜可爱，那样的女人还是赶

---

① 拖油瓶：（沪语）继子或继女。
② 范仲淹，谥号"文正"，北宋名臣。

早嫁了的好。因为年轻，她有较多的机会适应环境，跟着她丈夫的生活情形而发展。至于男人，可是不宜于早婚，没有例外。一来年轻人容易感情冲动，没有选择的眼光，即使当时两个人是非常相配的，男的以后继续发展，女的却停滞了，渐渐就有距离隔膜。而且年轻人很少能够经济独立，早婚，妻子一定是由父母赡养，养成依赖的心理，于将来的前途有碍。

大家庭与小家庭

记者：关于家庭制度，两位看，还是所谓小家庭制度好呢，还是旧式的大家庭好？

苏青：小家庭也苦，孤零零的，依我说顶好是跟岳父母同居，岳母与女婿，一定相处得很好，而婆婆和媳妇因为婆婆感到做母亲的太凄凉，所以会嫉妒媳妇的。

张爱玲：这方法真好，我从没有想到，可是听了实在感到好。

记者：倘使老夫妇只养几个男孩子不是太寂寞了吗？

苏青：这当然也要看情况来决定。

同 居 问 题

苏青：还有，夫妻有同居的义务一条，我认为不妨自由些。想起这样长时期的同居生活，实在也是很可怕的。或同居或不同居，一方感到需要时只可向对方提出要求，倒不必因法律规定是义务而要求强制执行也。像外国人般分床、分寝室还比较好一些。但最好还是像朋友一样，大家往返，不至于每个人在婚后便没有一刻的私生活可过。我说女人再嫁比初嫁难，就是因为一回想到从前住在笼里的生活也就有些怕起来了。再有社会的舆论不要对男女问题太感兴趣，夫妻是否日日同居或夜夜同床尽可由他们自己去决定，分居并不碍着众人什么事，同居亦不见得肯分惠什么给众人也。

记者：男女结了婚的人省钱，还是未结婚的省钱呢？

张爱玲：从前英文有句话说"Two can live as cheaply as one[①]"，从前是结婚比较省钱，现在似乎情形两样了。独身的人生活简单，大家都这样想，所以不留人吃饭也没人见怪，结了婚的人，就有许多不能够避免的应酬。

谁是标准丈夫

记者：依照女人的见解，标准丈夫的条件怎样？

苏青：第一，本性忠厚。第二，学识财产不在女的之下，能高一等更好。第三，体格强壮，有男性的气魄，面目不要可憎，也不要像小旦[②]。第四，有生活情趣，不要言语无味。第五，年龄应比女方大五岁至十岁。

张爱玲：常常听见人家说要嫁怎样的一个人，可是后来嫁到

[①] 这句英文意思是："两人过日子可以像一人一样省钱。"
[②] 小旦：（沪语）越剧里由女人扮演的男角，喻女人样的男人。

的，从来没有一个是像她的理想，或是与理想相近的。看她们有些也很满意似的，所以我决定不要有许多理论。像苏青提出的条件，当然全是在情理之中，任何女人都听得进去的。不过，我一直想着，男人的年龄应当大十岁或是十岁以上，我总觉得女人应当天真一点，男人应当有经验一点。

记者：今天真是畅聆高论了，这次对谈就到这里结束吧，真是谢谢你们两位！

家

苏雪林

苏雪林（1899—1999），现代女作家、女学者，曾留学法国，回国后先后任教于东吴大学、安徽大学、武汉大学；1950年再度赴法，两年后回台湾，任教于台南大学。著有散文集《绿天》《青鸟集》，学术论著《李义山恋爱事迹考》《唐诗概论》《中国文学史》等，有《苏雪林文集》行世。本文初载《东方杂志》第38卷第2号（1941年1月16日出版），后收入《苏雪林文集》。

　　这是一篇写于抗战时期的散文，充满了对家与家庭生活的向往与幻想——乃至一个知识女性独特的趣味与"怪癖"，同时又时时不忘现实生活中的她曾经有过的家——父母的家，而如今，她其实没有家，却又想着家——自己的家；最后，又想到在这战火纷飞的年代有多少人无家可归，想到霍去病的豪言壮语——"匈奴未灭，何以为家！"总之，浪漫的家、琐碎的家、有家、无家，在这篇名为《家》的文章中全都写到了，甚至还写到家的历史——远古的家、半开化时代的家，以及现代的家——林林总总，无拘无束，但又一句不离题，始终在谈——家。

家的观念也许是从人类天性带来的。你看鸟有巢、兽有穴、蜜蜂有窠、蚂蚁有地底的城堡，而水狸还会作木匠、作泥水匠、作捍堤起坝的功夫，经营它的住所哩。小儿在外边玩了小半天，便嚷着要家去。从前在外面做大官的，上了年纪，便要告老回家，哪怕外面有巴黎的繁华、纽约的富丽，也牵绊他不住，这叫做"树高千丈，叶落归根"。楚霸王说富贵不归故乡，如衣锦夜行。道士以他企图达到的境界为仙乡，为白云乡。西洋宗教家也叫天国为天乡。"家乡"二字本有连带的意义，乡土不就是家的观念的扩大吗？

我曾在另一节文章里说过：鸟儿到了春天便有筑巢的行动，人到中年也便有建立家庭的行动。这话说明了一种实在情况。我们仔细观察那些巢居的鸟类，平常的日子只在树枝上栖身，或者随便在哪里混过一夜。到了快孵卵了，才着忙于筑巢。燕子便是一个例。人结婚之后，有了儿女，家的观念才开始明朗化起来，坚强化起来。少年时便顾虑这问题，呸，准是个没出息的种子！

我想起过去的自己了——当文章写到转不过弯时，或话说到没有得说时，便请出自己来解围，这是从吴经熊[①]博士学来的方法。一半是天性，一半是少时多读了几种中世纪式的传奇，便养成了一种罗曼蒂克的气质。美是我的生命，优美、壮美、崇高美，无一不爱。寻常在诗歌里、小说里、银幕里，发现了哀感顽艳、激昂慷慨的故事时，我决不吝惜我的眼泪。有时候，自觉周

[①] 吴经熊（1899—1986），现代法学家，曾任东吴大学法学院院长。

身血液运行加速,呼吸加急,神经纤维一根根紧张得像要绷断。好像面对着什么奇迹,一种人格的变换,情感的升腾,使我忘失了自己,又神化了自己。我的生命像整个融化在故事英雄生命里:本来渺小的,变伟大了;本来醒醒的,变崇高了。无形的鞭策,鼓舞我要求向上,想给自己造成一个美的人格,虽然我的力量是那么薄弱。

那时候,我永远没想到家是什么,一个人要家有什么用。因为自己是学教育出身的,曾想将自己造成一个教育家,并非想领略得天下英才而教育之的私人乐趣,其实是想为国储才。初级师范卒业后,当了一年多小学教师,盲目的热心,不知摧残了几个儿童嫩弱的脑筋。过度的勤劳,又在自己身体里留下不少病痛的种子。现在回想,真是一场可爱而又可笑的梦。在某些日子里,我又曾发了一阵疯,想离开家庭,独自跑东三省垦荒去,赚了钱好救济千万穷苦的同胞。不管自己学过农业没有,也不管自己是否具有开创事业的魄力与干才,每日黄昏望着故乡西山尖的夕阳默默出神,盘算怎样进行的计划。那热烈的心情、痛苦的滋味,现在回想,啊,又是一场可爱而可笑的梦。

于今这一类的梦想,好像盈盈含笑的朝颜花,被现实的阳光一灼,便立刻萎成一绞儿枯焦的淡蓝了。教育家不是我的份,实业家不是我的份,命定只配做个弄弄笔头的文人,于今连笔也想放下,只想有一个足称为自己主有物的住所,每天早起给我一盏清茶,几片涂着牛油的面包,晚上有个温暖的被窝,容我伸直身子睡觉,便其乐融融,南面王不易①也。

　　家，我并不是没有。安徽太平县乡下有一座老屋，四周风景，分得相离不远的黄山的雄奇秀丽，隐居最为相宜。但自从我的姓氏上冠上了另一个字②以后，它便没有了我的份。南昌也有一座几房同居的老屋，我不打算去住。苏州有一座小屋倒算得是我们自己的，但建筑设计出于一个笨拙工程师之手。本来是学造船出身的，却偏要自作聪明来造屋，屋子造成了一只轮船，住在里面有说不出的不舒服，所以我又不大欢喜。于今这三座屋子，有两座是落在沦陷区③里，消息阻隔，也不知变成怎样了。就说幸而瓦全，恐怕已经喂了白蚁。这些白蚁是最好拣那无主的屋子来蛀。先蛀窗棂、门扇，再蛀顶上的瓦、墙壁的砖，再蛀承尘和地板。等你回来，屋子只剩下一个空壳，甚至全部都蛀完，只留给你一堆垃圾。所以，我们的家的命运，早已成了未知数，将来战事结束，重回故乡，想必非另起炉灶不可了。

　　记得少壮时性格善于变动，不喜住在固定的地方。当游览名山胜水，发现一段绝佳风景时，我定要叫着说："喔，我们若能在这里造座屋子住多好！"于是赓即④，上述的笨拙工程师，就冷冷地讪嘲我："我看你不必住房子，顶好学蒙古人，住一种什么毡庐或牛皮帐。他们逐水草而迁徙，你呢，就逐好风景而迁徙。"对呀，屋子能搬动是很合理的思想，未来世界的屋子一定

---

① 不易：不改、不换（易：变易）。
② 指母亲改嫁，她换姓氏。
③ 沦陷区：指被日军占领的地区。
④ 于是赓［gēng］即：随即。

都是像人般长了脚能走的。忘记哪位古人有这么一句好诗,也许是吾家髯公①吧,"湖山好处便为家",其中意境多可爱。行脚僧②烟蓑雨笠,到处栖迟,我常说他们生活富有诗意,就是为了这个。

由髯公联想到他的老表程垓③,他的《书舟词》,有使我欣赏不已的《满江红》一首云:

> 葺屋④为舟,身便是烟波钓客。
> 况人间原似浮家泛宅。
> 秋晚雨声蓬背稳,夜深月影窗棂白。
> 满船诗酒满船书,随意索。
>
> 也不怕云涛隔,也不怕风帆侧,
> 但独醒还睡,自歌还歇。
> 卧后纵教鳅鳝舞,醉来一任乾坤窄。
> 恐有时撑向大江头,占风色。

这词中的舟并非真舟,不过想象他所居之屋为舟,以遣烟波之兴而已。我有时也想,假如有造屋的钱,不如拿来造一只船,三江五湖,随意遨游,岂不称了我"湖山好处便为家"的心愿。

---

① 吾家髯公:指苏东坡。
② 行脚僧:游四方的僧人。
③ 老表:老乡。程垓[gāi],南宋词人。
④ 葺[qì]屋:草屋。

不过，船太小了，像张志和①的舴艋②，于我也不大方便，我的生活虽不十分复杂，也非一竿一蓑似的简单，而且我那几本书先就没处安顿。太大了，惹人注目，先就没胆量开到太湖。我们不能擘破三万六千顷青琉璃③，周览七十二峰之胜，就失却船的意义了。

以水为家的计划既行不通，我们还是在陆地上打主意吧。

像我们这类知识分子，每日都需要新的精神食粮，至少一份当天报纸非入目不可。所以家的所在地点离开文化中心不可太远，但又不必定在城市之中，若能半城半郊，以城市而兼山林之乐，那就最好没有了。为配合那时经济情形起见，屋子建筑工料，愈省愈好，墙壁不用砖而用土，屋顶用茅草也可以。但在地板上不可不多花几文，因为它既防潮湿又可保持室中温度，对卫生关系极为重大。地板离地高须二尺，装置要坚固，不平或动摇，最为讨厌。一个人整天在杌隉不安④的环境里度日，精神最感痛苦不是？屋子尽可以不油漆，而地板必天天洗刷。我们全部生命几乎都消耗于书斋之中，所以这间屋是必须加意经营的。朝南要有一面镶玻璃大窗，冬受暖日，夏天打开，又可以招纳凉风。东壁开一二小窗。西北两壁的地位则留给书架。后面一间套房，作为我的寝室，只须容得下一榻二橱之地。套房和书斋的隔断处，要用活动的雕花门扇，糊以白纸，或浅蓝、鹅黄色的纸。

---

① 张志和，别名"张龟龄"，唐代诗人。
② 舴［zé］艋［měng］：形似蚱蜢的小船。语出张志和《渔父歌》："钓台渔父褐为裘，三三两两舴艋舟。"
③ 青琉璃：喻碧绿的湖水。
④ 杌隉不安：晃荡不定。

雕花是中国建筑的精华，图样多而美观，我们故乡平民家的窗棂、门户，多有用之者，工价并不贵。它有种种好处：光线柔和可爱，空气流通，一间房里有了炭火，另一间房可以分得暖气。这种艺术，我以为应予以恢复。造房子少不了一段游廊，风雨时可以给你少许回旋之地，夏夜陈列藤椅竹榻，可与朋友煮茗清淡；或与家人谈狐说鬼，讲讲井市琐闻，或有趣味的小故事，豆棚瓜架的味儿，是最值得人怀恋的。

屋旁要有二亩空旷之地，一半莳①花，一半种菜，养几只鸡生蛋，一只可爱的小猫，晚上赶老鼠，白昼给我做伴。书，从前梦想的是万卷琳琅；抗战以后，物力维艰，合用②的书有一二千卷也够了。要参考时不妨多跑几趟图书馆，所以图书馆距离要近，顶好就在隔壁。外文书也要一些。去旧书铺访求，当然比买新的便宜，又可替国家节省外汇，岂非一举两得。图书馆或旧书铺弄不到的书，可以向藏书最多的朋友去借。我别的品行不敢自信，借书信用之好，在朋友间是一向闻名的，想朋友们决不至于拿"借书"的话来推托吧。书有了，于是花前灯下，一卷陶然，或于纸窗竹榻之间，抒纸伸笔，写我心里一些想说的话。写完之后，抛向字篓可以，送给报纸杂志发表也可以。有时用真姓名与读者相见，有时捏造个笔名用也可以。再重复一句，我写的文字无论如何不好，总是我真正心里想说的话。我决不为追逐时代潮流、迎合世人的口味而歪曲了我创作的良心。我有我的主见，我

---

① 莳[shì]：栽。
② 合用：能用。

有我的骄傲。

　　只有做皇帝的人才能说富有四海、臣属万民的话，但我们若肯用点脑筋，将自然给予我们的恩惠，仔细想想，每个人都有这一项资格的。飞走之物①的家，建筑时只有两口儿的劳力，所以大都因简就陋。据说喜鹊的窝做得最精巧，所以常惹斑鸠眼红，但你若将鹊巢研究一下，咳，可怜，大门是向天开的，育儿时遇见风雨，母鸟只好拱起背脊硬抵。请问人类的母亲受得这苦不？就说那硬尾巴，毛光如漆的小建筑师吧。它能采木，能运石，可算最伶俐了，但我敢同你打赌，请你进它屋子去住，你一定不肯。人呢，就不然了。譬如我现在客中所住的一间书斋，虽说不上精致，但建筑时先有人制图，而后有木匠泥水匠来构造。木材是从雅安一带森林砍下，该锯成板的锯成板，该削成条子的削成条子，扎成木排，顺青衣江而下淌，达到嘉定城外，一堆堆、一堆堆积着。要用时，由江边一些专靠运木为生的贫民扛来，再由木匠搭配来用。木匠的斧子、锯子、刨子、钉子，原料是由本城附近某矿山出产的，又用某矿山的煤来锻炼的，开矿的、挖煤的、运铁煤的、烧炉的、打铁的，你计算计算看，该有多少人？全房的油漆、壁上糊的纸、窗上的玻璃和帘，制造和贩卖的，又该有多少人？我桌上有一架德国制造的小闹钟、一管美国制造的派克自来水笔②、一瓶喀莱尔墨水、几本巴黎某书店出版的小说、一把俄国来的裁纸刀。在抗战前，除那管笔花了我二十元代

---

① 飞走之物：鸟类。
② 派克自来水笔：派克牌钢笔。

价买之外，其余都不值什么。但你也别看轻这几件小东西，它们渡过鲸波万重的印度洋和太平洋，穿过数千里雪地冰天的西比利亚①，一路上不知换了多少轮船、火车、木船、薄笨车②；不知经过多少人的手，方能聚首于我的书斋，变成与我朝夕盘桓的雅侣。

　　飞走之物无冬无夏，只是一身羽毛。孔雀、锦鸡，文采最绚烂，但这一套美丽衣服若穿烦腻了，想同白鹭或乌鸦换一身素雅的穿，换换口味，竟不可能。我们则夏纱、秋夹、冬棉皮，还有羊毛织的外套。要什么样式就什么样式，要什么颜色就什么颜色。谈及吃的，则虎豹之类吃了肉便不能吃草，牛马之类吃了草又不能吃肉。蚊子除叮人无别法生活，被人一巴掌拍杀，也决无埋怨。苍蝇口福比较好，什么吃的东西都要爬爬喈喈，但苍蝇也最受人憎恶，人类就曾想出许多法子消灭它。人则对于动植物，甚至矿物都吃，而有钱人则天天可以吃荤，有些好奇的有钱人则从人参、白木耳、猩猩的唇、黑熊的掌、骆驼的峰、麋鹿的尾、猴子的脑、燕儿的窝，吃到兼隶动植二界的冬虫夏草。人是从平地上的吃到山中的、水底的；从甜的吃到苦的，香的吃到臭的。猥琐如虫豸③总可饶了吧，也不饶，许多虫类被人指定了当做食料，连毒蛇都弄下了锅作为美味。这才真的是"玉食万方"哩。

　　可见上帝虽将亚当、夏娃赶出天上乐园，待遇他们的子孙，其实不坏。我们还要动不动怨天咒地，其实不该。譬如做父母的

---

① 西比利亚：通译"西伯利亚"。
② 薄笨车：简陋的手推车。
③ 虫豸 [zhì]：动物，见《尔雅》："有足谓之虫，无足谓之豸。"

辛辛苦苦，养育儿女，什么东西都弄来给他享受，还嫌好道歹，岂不教父母寒心，回头他老人家真恼了，你可要当心才好——有人说，人不但是上帝的爱子，同时是万物的灵长、自然界的主人，我想无论是谁，对于这话是不能否认的。

你虽则是丝毫没有做统治者的思想，但是在家里，你的统治意识却非常明显。这小小区域便是你的封邑，你的国家。你可以自由支配，自由管理。你有你的百官，你有你的人民，你有你的府库。你添造一间屋，好似建立一个藩邦，开辟一畦①草莱，好似展拓几千里的疆土；筑一道墙，又算增加一重城堡；种一棵将来足为荫庇的树，等于造就无数人才；栽一株色香俱美的花，等于提倡文学艺术。家里几桌床榻的位置，日久不变，每易②使人厌倦，你可以同你的谋臣——你的先生或太太——商议，重新布置一番。布置妥帖之后，在室中负手徐行、踌躇满志，也有政治上除旧布新的快感。或把笔床、茗碗③的地位略为移动，瓦瓶里插上一支鲜花，墙壁间新挂一幅小画，等于改革行政，调动人员，也可以叫人耳目一新，精神焕发。怪不得古人有"山中南面"之说，人在家里原就不啻九五之尊④啊。

够了，再说下去，人家一定要疑心我得了什么帝王迷，想关起门来做皇帝。其实因为有一天和朋友喜兰子女士谈起家的问题，她说英国有一句俗语——"英国人的家，就是他的城堡。"

---

① 畦〔qí〕：古代称五十亩为一畦。
② 每易：每每容易。
③ 笔床：笔架。茗碗：茶碗。
④ 九五之尊：帝王之尊。

(The English home is his Castle.)——具有绝对的主权,绝对的尊严性。觉得很有意思,就惹起我上面那一大堆废话罢了。

实际上,家的好处还是生活的自由和随便。你在社会上与人周旋,必须衣冠整齐,举止彬彬有礼,否则人家就要笑你是名士派。在家你口衔烟卷,悠然躺在廊下;或着①一双拖鞋,手拿一柄大芭蕉扇,园中来去,或短衣赤脚,披襟当风,都随你的高兴。听说西洋男人在家庭里想抽支烟也要得到太太的许可,上餐桌又须换衣服、打领结,否则太太就要批评他缺少礼貌,甚或有提出离婚的可能。啊,这种丈夫未免太难做吧。幸而我不是西洋的男人,否则受太太这样干涉,我宁可独身一世。

没有家的人租别人房子住,时常会受房东的气。房租说加多少就多少,你没法抗议。他一下逐客之令,无论在任何困难情形之下,你也不得不拖儿带女一窝儿搬开。若和房东同住,共客厅、共厨房、共大门进出,你不是在住家,竟是住旅馆。住旅馆,不过几天,住家却要论年论月,这种喧闹杂乱的痛苦,最忍耐的心灵也要失去他的伸缩性。虽说人生如逆旅,但在短短数十年生命里,不能有一日的自由,做人也未免太可怜、太不值得了。

人到中年,体气渐衰、食量渐减,只要力之所及,不免要讲究一点口腹之奉。对于食谱,烹饪单一类的书,比少年时代的爱情小说还会惹起注意。"我有旨蓄,亦以御冬"②,腌菜、酸齑③、

---

① 着:(沪语)穿。
② 引自《诗经·邶风·谷风》。旨蓄:贮藏的美食。
③ 酸齑[jī]:切成细末的咸菜。

腐乳、芝麻酱、果子酱，无论哪个穷措大①的家庭，也要准备一些。于是大罐小罐也成为构成家庭乐趣成分，对之自然发生亲切之感，这类坛罐之属，旅馆是没地方让你安置的，不是固定的家，也无意于购备，于是家就在垒垒坛罐之中，显出它的意味。人把感情注到坛罐上去，其庸俗宁复可耐，但"理生那免俗"②，老杜不早替我们解嘲了吗。

但一个人没有家的时候就想家，有了家的时候，又感到家的累赘。我们现在不妨谈家的历史。原始时代，家庭设备很简单；半开化时代，又嫌其太复杂。孟子虽曾提倡分工合作之说，但中国人日常生活的需要，几乎件件取诸室中。一个家庭就等于一个社会。乡间富人家里有了牛棚、豕牢③、鸡埘④、鹅棚不算，米豆黍麦的库仓不算，还有磨房、舂间、酒浆坊、纺车、织布机、染坊，只要有田有地有人，关起门来度日，一世不愁饿肚子，也不愁没衣穿。现在摩登化⑤的小家庭，虽然除去了这些琐碎节目，但一日三餐也够叫人麻烦。人类进化已有几千年，吃饭也有了几千年，而这一套刻板文章总不想改动一下，不知是何缘故。假如有人将全地球所有家庭主妇每日所费于吃饭问题的时间、心思、劳力，做一个统计，定叫你吃一大惊。每天清早从床上滚下地，便到厨房引燃炉火、烧洗脸水、煮牛乳、烤面包，或者煮

---

① 穷措大：穷书生（措大：也作"醋大"，喻寒酸）。
② 见杜甫《孟仓曹步趾领新酒酱二物满器见遗老夫》诗："理生那免俗，方法报山妻。"
③ 豕牢：猪圈。
④ 鸡埘[shí]：鸡窝。
⑤ 摩登化：英文 modernise 的旧译法，今译"现代化"。

粥，将早餐送下全家肚皮之后，提篮上街买菜；买了菜回家差不多十点钟了，赶紧削萝卜、剥大蒜、切肉、洗菜、淘米煮饭，一面注意听饭甑①里蒸气的升腾，以便釜底抽薪，一面望着锅里热油的滚沸，以便倒下菜去炒。晚餐演奏的还是这样一套序目。烹饪之余，更须收拾房子、洗浆衣服、缝纫、补缀、编织毛织物。夜静更深，还要强撑倦眼在昏灯下计录一天用度的账目。有了孩子，则女人的生活更加上二三倍的忙碌，这里我不必详细描写，反正有孩子的主妇听了就会点头会意的。有钱人家的主妇，虽不必井臼躬操②，而家庭大、人口多，支配每天生活也够淘神③。你说放马虎些，则家中盐米，不食自尽，不但经济发生问题，丈夫也要常发内助无人之叹，假如男人因此生了外心，那可不是玩的。我以为生活本应该夫妇合力维持的，可是男人每每很巧妙的逃避了，只留下女人去抵挡。虽说男人赚钱养家，不容易，也很辛苦，但他究竟不肯和生活直接争斗，他总在第二线。只有女人才是生活勇敢的战士，她们是日日不断面对面同生活搏斗的。每晨一条围裙向腰身一束，就是环好甲胄、踏上战场的开始。不要以为柴、米、油、盐、酱、醋、茶，微末不足道，它就碎割了我们女人全部生命，吞蚀尽了我们女人的青春、美貌和快乐。女人为什么比男人易于衰老，其缘故在此。女人为什么比男人琐碎、凡俗，比男人显得爱较量、比男人显得更实际主义，其原故亦

---

① 饭甑 [zèng]：蒸饭的木桶，俗称"饭桶"。
② 井臼 [jiù] 躬操：井，汲水；臼，舂米；躬，亲自；操，从事。指亲自操持家务。
③ 淘神：费力。

在此。

未来世界家庭生活的需要，应该都叫社会分担了去；如衣服有洗衣所、儿童有托儿所和学校、吃饭有公共食堂，不喜欢到公共食堂的，每顿肴膳可以由饭馆送来。那时公共食堂和饭馆的饮食品，用科学方法烹制，省人工，价廉物美，具有家庭烹饪的长处，而滋养份搭配得更平均，更合乎卫生原则。自己在家里弄点私菜，只要你高兴，也并非不允许的事。将来的家庭眷属，必紧缩得仅剩两三口，家庭的设备只有床榻几椅及少许应用物件而已。不愿意住个别的家，便住公共的家。每人有一二间房子，可以照自己的趣味装潢点缀，各人自律甚严，永不侵犯同居者的自由。好朋友可以天天见面；心气不相投合的，虽同居一院，也老死不相往来。这样则男人女人都可以省出时间精力，从事读书、工作、娱乐，及有益自己身心和有益社会文化的事。

理想世界一天不能实现，当然我们每人一天少不了一个家。但是，我们莫忘记现在中国处的是什么时代？整个国土笼罩在火光里，浸渍在血海里，整个民族在刀锋枪刺之下苟延残喘。我们有生之年，莫想再过从前的太平岁月了。我们应当将小己的家的观念束之高阁，而同心合意地来抢救同胞大众的家要紧。这时代，我们正用得着霍去病①将军的那句壮语："匈奴未灭，何以为家！"

---

① 霍去病，西汉名将。

图书在版编目（CIP）数据

经典作家谈家与家庭/刘文荣主编. —上海：文汇出版社，2015.2
（经典作家如是说系列/刘文荣主编）
ISBN 978-7-5496-1355-7

Ⅰ.①经… Ⅱ.①刘… Ⅲ.①散文集—世界 Ⅳ.①I16

中国版本图书馆 CIP 数据核字（2014）第 286652 号

经典作家谈家与家庭

主　　编／刘文荣

责任编辑／陈今夫
封面装帧／陆震伟

出版发行／文汇出版社
　　　　　上海市威海路 755 号
　　　　　（邮政编码 200041）
经　　销／全国新华书店
排　　版／南京展望文化发展有限公司
印刷装订／江苏省启东市人民印刷有限公司
版　　次／2015 年 2 月第 1 版
印　　次／2015 年 2 月第 1 次印刷
开　　本／890×1240　1/32
字　　数／170 千
印　　张／8.75

ISBN 978-7-5496-1355-7
定　　价／25.00 元

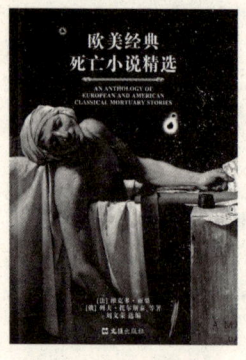

《欧美经典死亡小说精选》　　　刘文荣选编
定价：35 元

　　爱与死被认为是文学的永恒主题，更是欧美小说的常用题材，所以死亡小说和情爱小说一样引人注目。这类小说往往通过主人公临终时的心理描写，或回顾人生，或感叹人生，沉思"生之虚空，死之冷酷"，读之令人感慨万千。本书所收小说均出自欧美经典作家之手，如［法］维克多·雨果的《死囚末日记》、［俄］列夫·托尔斯泰的《伊凡·伊里奇之死》等，均为脍炙人口的名作。

《欧美经典悲情小说精选》　　　刘文荣选编
定价：35 元

　　悲情小说，或写爱情悲剧，或写亲情悲剧，读之令人惆怅。令人悲伤，但惆怅、悲伤之余，又令人感悟，令人超脱，可谓高级艺术享受。

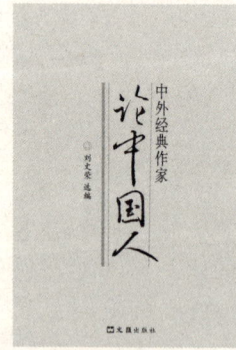

《中外经典作家论中国人》　　　刘文荣选编
定价：48 元

　　本书收集 27 位中外经典作家的 42 篇论中国人的文章，分"外国篇"和"中国篇"两个部分。"外国篇"收有康德、黑格尔、托尔斯泰等 16 位外国经典作家的 18 篇文章；"中国篇"收有梁启超、胡适、鲁迅、沈从文等 11 位中国经典作家的 24 篇文章。这些文章，较全面地反映了三百年来西方人的中国观，以及近百年来中国人的自我认识。

《伍尔夫读书随笔》（精）
　　　　　　　　　　［英］弗吉尼亚·伍尔夫著
刘文荣译
定价：28元

　　怎样读小说？怎样读诗歌？读书有何价值？书里有两种女人？有没有女性莎士比亚？女性写作生来有局限？托尔斯泰的小说好在哪里？《简·爱》和《呼啸山庄》有何缺陷？……如果你对这些问题感兴趣，那就听听弗吉尼亚·伍尔夫——"20世纪最佳女作家"——如何说。

《毛姆读书随笔》（精）　　　［英］W. S. 毛姆著
刘文荣译
定价：28.80元

　　读书是求知，还是消遣？小说家该不该讲故事？畅销书一定是好书，还是一定是坏书？狄更斯为何会写出《大卫·科波菲尔》这样感人的书？巴尔扎克是怎样一个人？这和他写《高老头》有关系吗？为什么说托尔斯泰的《战争与和平》是最伟大的小说？读哲学书、宗教书有意义吗？能让我们懂得生活吗？……如果你对这些问题感兴趣，那就听听大作家毛姆怎么说——或许，你会深受启发。

《经典作家谈书与读书》　　　　刘文荣主编
定价：25元

　　本书为文选，共选入中外18位经典作家的22篇谈书与读书的文章，论述精辟，风格多样，读之既获教益，又是美文欣赏。所选作家中，外国作家12位，均是历代大师，如：培根、蒙田、叔本华、爱默生等；中国作家6位，皆为近现代名家，如：梁启超、胡适、鲁迅等。